U0023570

【生活】應用精神分析叢書05

力比多對
世界的吶喊

libido

Psychoanalytic Psychotherapy

搖滾樂與精神分析

單瑜

黃世明

蔡榮裕

劉心蕾

唐守志 ————— 著

臺灣精神分析學會
Taiwan Psychoanalytic Association

目　錄
CONTENTS

【推薦序】

電吉他的喧囂和無意識的潛流

作者｜許欣偉

英國東倫敦大學精神分析研究碩士

臺灣精神分析學會監事

北市聯合醫院松德院區一般精神科主治醫師

精神分析與搖滾樂？

「是風馬牛不相及的關係吧？」相信大多數人都會這麼想。精神分析是一種心理治療流派和冷僻的心智知識，能和熾熱激昂的搖滾樂產生什麼關聯呢？

但是，2016年十月諾貝爾文學獎竟然頒給了巴布狄倫。同年一月，閃靈樂團主唱林昶佐當選我國立法委員，被英國廣播公司BBC稱為全世界第一位進入國會的重金屬搖滾明星。如果這麼跨界跳tone的事已經在世上發生，那麼用精神分析來談論搖滾樂有何不可呢？

精神分析從來就不是乖乖躺臥於診療室內的思考體系，而是一種不安於室的活潑學問。佛洛依德援引希臘悲劇來形塑其核心概念「伊底帕斯情結」，又運用精神分析觀點詮釋達文西、易卜生、莎士比亞和杜斯妥也夫斯基等，此後精神分析界就以「應用精神分析」為名，論述診療室病患以外的各種現象。臺灣精神分析學會從2006年起舉辦「電影與精神分析」活動並持續多年，讓社會大眾和學生有機會親近精神分析的思路，替本土應用精神分析播種；近兩年討論村上春樹和宮崎駿的講座活動，又進一步擴展思考的範圍與深度，且講座的精彩內容均集結成冊出版，是在地應用精神分析開花結果的

珍貴資產。

　　然而即使有心，想用精神分析來談論搖滾樂仍是相當困難的事。一來搖滾的主要元素是歌聲、樂器聲響、節奏和旋律，聽搖滾的感動肯定是筆墨難以形容；二來比起敘事完整的電影、小說或動畫，歌詞流於簡短、片斷，沒有提供充分的脈絡來進行精神分析思考。這樣的心情正如黃世明所說：「就像夜裡做了個夢，醒來時想把夢境寫下來，卻發現無論如何都無法傳遞夢裡，不管是有趣、荒謬或恐怖的各種情緒衝擊。」除了上述兩點，用精神分析來談論搖滾樂總讓我覺得尷尬、不自在，直到此刻，我才逐漸明瞭這種奇怪感覺的源頭可能是甚麼。

　　青少年！在我心中交織成型的概念是青少年。

　　如果說宮崎駿動畫勾起童稚的想像，村上春樹指涉成人的心情，那麼搖滾樂聯結的正是童年期和成年期中間的階段，不上不下不老不小的青少年期。對我來說，搖滾屬於青少年的秘密活動之一，是那種不需要費功夫去向大人解釋的事，這個態度無疑帶有叛逆的味道。而精神分析彷彿是大人的知識體系（即使我理智上明白精神分析關注生命早期和本能欲望），要在兩者之間建立關連，就像是青少年被迫向大人做些交待，使我不由得感到尷尬。

　　搖滾樂的興起和青少年有關：「戰後美國的富裕——
以及後來歐洲的復甦——產生無憂無慮且口袋有錢可花
的青少年世代，而且他們把錢花在搖滾音樂上。」[1]我和
朋友們接觸西洋音樂的時間都在國高中和大學時代，或
許也和以往台灣學生在此階段剛剛習得基本英語能力有
關。以上所說都是外在現實的面相，而精神分析關注的
是內在現實，本書每一篇內容都和青少年的精神現實有
關，但取徑各有擅場之處。

　　單瑜細說從頭，自搖滾樂的起源出發，從貓王連結
到搖滾的性特質，論及青少年的發展任務包括追尋認同，
接著藉由漫畫《20世紀少年》來描繪搖滾英雄與群眾之
間的心理學關係，最後論述類似電影「作者論」，作者
從包布狄倫傳記來探索他從一個追尋民謠之父Woody
Guthrie的小夥子樂迷，如何在濕冷的精神病院初遇自己
的偶像，衝擊帶來失落與蛻變，又在60年代中期大量使
用電吉他，被視為背叛民謠，卻成為搖滾英雄的歷程，
弒父與認同之間的複雜辯證於焉開展。

　　黃世明論述英國前衛搖滾團體「Yes」的方式是先回
到自己的成長史，那是「感官與腦袋可塑性高，適應力

1.音樂大歷史—從巴比倫到披頭四，頁270。聯經出版，2015年。

強，像海綿一樣什麼都可以吸收」的聯考前青少年時代，五首歌詞映照著人生各種心情，例如孤獨、轉變、失戀、迷惘、豁達等。但作者強調的是有更多不可言喻的體驗，內容和青少年有關但不侷限於此，其間穿插「Yes」團員的描述與解釋，作者並對歌詞進行自由聯想，又對分析治療歷程進行反思，最終經由村上春樹，將聽搖滾樂和精神分析式聆聽連結在一起。

蔡榮裕的取徑也是回到自己的成長史，以「它們和我相遇後至今殘餘的記憶」為起點，在過去和當下經驗之間穿梭比對，通過作者詩化散文的筆觸，讀者可以理解到作者在戒嚴體制下的青澀醫學院時代接觸搖滾樂和精神分析，有其獨特的反叛意涵；也不難發現文中包布狄倫的兩首歌詞是個背景，用來鋪陳作者想到精神分析與搖滾樂這兩位「外來美麗的戀人」時，所流瀉出來的一種流浪和滄桑的心情。作者用石頭上的青苔來譬喻青少年經驗經過歲月沖刷後的遺跡，也透露出對此遺跡懷著一種護持的態度，展現出作者心中的精神分析歷史觀。

劉心蕾是唯一的女性講演者，她的焦點卻是最血腥最激烈的重金屬音樂。曾玩樂團的她以殺手樂團「血雨」從天而降的恐怖場景拉開序幕，回顧重金屬音樂的發展史，將重金屬的風行連結到政治、經濟和文化上的壓迫，接著從重金屬演繹什麼是搖滾的態度。重金屬主題泰半

是暴力、攻擊、殺戮、死亡，作者大膽地將重金屬舞台
比擬為精神分析診療室，所呈現的是內在世界的黑暗面，
卻可以勾起聽眾的興奮熱情，這又接近性的意涵，於是
產生一個問題：「何以憤恨闇黑的音樂裡會潛藏著性的
滿足？」作者引用法國分析師Jean Laplanche的論點來回
答此問題，重新解讀死亡本能。

　　唐守志一樣回到自己的成長史，不同的是其中充滿
練團和表演的回憶。作者企圖師法《內在之聲》的芮克，
從一個關於〈Moon River〉的夢來自由聯想，從中建構
他對搖滾樂和精神分析的思考，他的焦點擺在油漬搖滾
的「Nirvana」樂團。作者揣摩搖滾樂各世代不同的情感
氛圍，最終從理論和自己的生命經驗中，將搖滾連結到
青少年的心智：「搖滾樂的體驗，是我離家成長中的成
年禮，象徵著脫離孩童時期與成年期之間的過渡階段」。
後來的故事是精神分析在作者心中取代了搖滾的位置，
搖滾樂於是有了夢境的質地。

　　閱畢此書終於明瞭，精神分析和搖滾樂的某些元素
確實相互共振：一樣都是別具一格的聆聽經驗；一樣具
有遊戲的成分；一樣逼近內在的真實；一樣都在唱自己
的歌；一樣不願媚俗而頑強抵抗著。走筆至此忽然想到
長髮披肩的George Harrison幽幽唱著〈All things must

pass〉。搖滾樂雖是已逝的昨日殘夢，但至少我們擁有做夢的自由，而精神分析研究者必然會豎起耳朵傾聽夢境的潛流，齊心譜寫無意識的搖滾樂。

就一起來聽聽唱唱唄！

搖滾英雄之路

作者｜ 單瑜

精神科醫師

台灣大學醫學院醫學士

臺灣精神分析學會會員

I'm out here a thousand miles from my home

隻身在此，我遠離家鄉一千里

Walking a road other men have gone down

走在一條別人都走過的路上

I'm seeing a new world of people and things

我看見了你世界中的人與事

Hear paupers and peasants and princes and kings

你的窮人與農人、王子與國王

Hey hey Woody Guthrie I wrote you a song

嘿嘿，伍迪·蓋瑟瑞，我爲你寫了一首歌

About a funny old world that's coming along

關於前行中的可笑的蒼老世界

Seems sick and it's hungry, it's tired and it's torn

似乎病了餓了，累了也破了

It looks like it's dying and it's hardly been born

看起來它已經要死了卻才出生

Hey Woody Guthrie but I know that you know

嘿，伍迪·蓋瑟瑞，但我知道你知道

All the things that I'm saying and a many times more

所有我說的事，而且多過它好幾倍

I'm singing you the song but I can't sing enough

我爲你唱首歌，但是我總是唱不夠

'Cause there's not many men that've done the things that
you've done

因為沒有多少人做過你做過的事

Here's to Cisco and Sonny and Leadbelly too

也獻給西斯科，桑尼和鉛肚皮

And to all the good people that travelled with you

也獻給所有跟你遊歷的好人們

Here's to the hearts and the hands of the men

獻給這些人的心靈與他們的雙手

That come with the dust and are gone with the wind

這些隨塵土而來又隨風歸去的人

I'm leaving tomorrow but I could leave today

明天我將離去雖然今天也可以

Somewhere down the road someday

某一天某條路上走下去

The very last thing that I'd want to do

我想做的最後一件事是

Is to say I've been hitting some hard travelling too

說我也曾走過艱苦旅途

(Bob Dylan, Song To Woody,1962)

什麼是搖滾樂？

對於什麼是搖滾樂總是有著不明確的定義。例如有人聽Bob Dylan，可能會問，那Bob Dylan的音樂算是搖滾樂嗎？他的音樂不是民謠嗎？如果算是搖滾樂，那早期的Bob Dylan與後期的Bob Dylan音樂風格並不一樣，甚至支持他的群眾也因此有很大的矛盾，即使同一個樂手，他在不同時期的創作風格不同，一樣都能稱作是「搖滾樂」嗎？

當我們在討論「搖滾樂」以及我們各自對於搖滾樂的喜好時，不知不覺之中，就劃分出你與我各自不同的時代/世代，這是非常屬於個人的。你們聽Beetles，我們聽Beach Boys，無論音樂風格如何，那對於彼此是非常清楚劃分的壁壘，甚至是切劃了所屬的不同世代。而屬於一個人的個人史，聆聽「搖滾樂」經驗的意義似乎也同時標示了個人或許有些私密的年輕時代。所以當一個人講述「搖滾樂」時，即使他並不是直接講述關於自己的故事，卻仍會不經意地透露著他的個人史。這樣的敘事方式令人感覺是很「搖滾的」，同時，也很「精神分析的」，這種兩者間無意識的連結，內裡似乎深埋著關於心靈的某個奧秘。接下來透過爬梳搖滾樂史，對照精神分析的發展，我們希望能探索這層心靈意義。

最早的搖滾樂

　　追尋搖滾樂的歷史，最早可以追溯至美國50年代南方的黑人音樂。當時美國南方黑人在生活惡劣的環境裡以嘶吼、吶喊等方式 ，使用著有強烈的節奏感以及各種可以產生聲音的器械，某種意義上來說甚至可以稱為製造噪音的方式。這些聲音有著獨特的魅力，在當時還有別於一般主流美國社會習慣的音樂風格。更酷的是，這樣音樂還可以讓人隨之起舞，回顧50年代的搖滾樂場景就是很多人會隨著搖滾樂又搖又擺，地板發出轟隆隆的聲音，感覺整個大地都在震動，而所有人的肢體也隨之搖擺。

　　楊明敏醫師多年前曾翻譯法國的一本小書《搖滾年代》[1]對於搖滾樂這樣寫道：「白人孩子說出充滿了反叛、猥褻等隱晦字眼，讓身體體驗了一種樂趣：晃動、騷動、搖動、滾動。」這句話把身體的經驗「晃動、騷動、搖動、滾動」，附上了一層意義：「猥褻與反叛」。這樣源自於搖滾樂初始的象徵，或許貼切地說明了搖滾樂之於青少年的意義。追尋著這樣的脈絡，嘗試來定義搖滾樂的話，或許我們可以這樣說，「搖滾樂」就技巧上而言，並不是內斂、溫柔的，更多是嘶喊、怒吼，而

---

1. 《搖滾年代》的中譯本是在1999年由時報文化出版。當時由幾個在法國的台灣留學生共同翻譯，其中包括當時仍在法國的楊明敏醫師。

且會連帶有肢體的運動，這整個過程會喚起關於愛的激情以及肉體的快感；我們嘗試對「搖滾樂」立下這樣的定義，而其中隱約透露著關於「性」的暗示。

回到50年代的美國，最早以搖滾樂形式廣受歡迎的樂手許多人相信是Bill Haley。Bill Haley組織了一個樂團「Bill Haley & His Comets」，1955年樂團單曲〈Rock Around the Clock〉(搖到日以繼夜)成為*Blackboard Jungle*(黑板叢林2)的電影主題曲。這部電影描述高中校園生活，主題卻是師生對立，是美國最早以「校園暴力」為題材的影片。劇情敘述男主角達迪到一所中學任教，但班上幾乎都是胡作非為的學生，甚至男同學會性侵女老師。後來他在班上選擇了一名具有領導能力的黑人學生，希望透過他來影響其他同學，不料引起白人學生反感，最後雙方發生大規模械鬥，校園變成了原始的野獸叢林。隨著「搖滾樂」的出現，一曲《搖到日以繼夜》在盡情搖擺、舞動中帶出的狂歡與混亂氛圍成為搖滾樂時代鮮明的標誌。

在搖滾樂初始的年代，另一個被認為最早的搖滾樂巨星是貓王Elvis Presley。在華人的世界，Elvis Presley經常被稱作「貓王」，當時在美國本土，他有一個暱稱，

2.*Blackboard Jungle*為1955上映的電影，目前於網址http：//putlockers.fm/watch/oxQbmgGn-blackboard-jungle.html可以免費瀏覽全片。(2018)

Hillbilly cat。Presley是來自於美國南方的白人，當時美國
大都市的人用Hillbilly這個詞，意思就是「住在山裡貧窮
沒水準的白人老粗」。Hillbilly再加上有一點調侃的味道
的cat，就變成「Hillbilly cat」(土貓)了。而中文的暱稱使
用這個典故加上the king、The king of rock and roll，後來
就成為廣泛被使用的「貓王」的稱呼。當然，作為一個
「貓王」似乎也引人聯想起一種場景，每當他演唱時，
總是吸引一堆女性歌迷，就像是公貓吸引一群母貓發情
一般。或許從中文的慣稱中，還讓我們有更進一步的聯
想：吸引著一群母貓的國王。

　　Elvis Presley舞台上表演的風格讓人印象非常深刻，
無論是否熟悉他的歌曲，幾乎是提起「貓王」，大家在
腦海裡馬上浮現的就是他誇張扭動胯部的畫面。Elvis
Presley在他的年代，個人形象有著很大的反差。他是來
自南方鄉村的鄉巴佬，卻又是狂野不羈的小貓；他是來
自虔誠基督家庭的南方白人，卻又是唱著黑人曲調與節
奏引領風潮的搖滾歌手；他會定時上教堂，人生中也僅
有一段婚姻，但是卻有多段和不同女性交好的紀錄。所
以他所展示的形象，有著一方面遵循道德上的規範與節
制，另一方面卻又放蕩不羈，追尋著各種欲望的滿足。

　　Jailhouse Rock(監獄搖滾)是Elvis Presley的第三部電
影，這是一齣歌舞片，被認為是Elvis當紅時期的銀幕代

表作之一。該片講述一個年輕人因意外殺人入獄，室友發現了他的音樂天賦於是加以培養，出獄後這個年輕人成爲一名歌手，並逐漸成長爲明星的故事。在這部影片中Elvis通過銀幕上的表演，包括歌唱與跳舞，證明了自己演出的多樣性與魅力。從當時的宣傳照(圖1)，我們可以看到他舞蹈與肢體動作的原型，展露出性感與野性，以及嘲諷式的人格魅力。當然，這樣的演出在當時造成了很大的爭議，但我們也可以說，這就是Elvis表演最大的魅力所在。

圖1 *Jailhouse Rock*電影宣傳照。該電影1957年於美國上映。

我們可以把「搖滾」拆成兩個動詞「搖」與「滾」，而之中的肢體擺動，讓人感受到愛的激情與肉體的快感。從最早的「搖滾樂」原型來看，或許這就是「搖滾樂」讓青少年著迷最重要的秘密，以及人們爭論並擔心著搖滾巨星，如貓王，爲人們帶來的影響。這其中引人興趣的，也最教人不安的，是隱隱約約在其中所體驗的快感

與激情，或許用一個最直接了當的字來表達，這就是「性」的感受。

搖滾樂的「性」

為什麼搖滾樂會讓我們有關於「性」的想像？關於性的暗示，經常在我們日常生活中，是那種總是否認卻時常強烈感受到存在；而否認同時也證明了，這種感覺有多麼強烈，卻因為要想迴避而顯得無處不在。就像是Elvis的動作，在搖滾樂初始的時代經常招致「猥褻」的批評。動作以及我們作為一個觀看者所被撩撥起來的感受之間，到底是如何連結？探究其中的奧秘，或許是我們能夠深入搖滾樂手之於觀眾的魅力的一個重要問題。

佛洛伊德在1905年發表了《性學三論》[3]，是精神分析對於「性」的討論的濫觴。雖然許多人爭議著泛性論以及各種精神分析對於性的連結，但是多數時候，我們對於「性」的討論其實並未切中佛洛伊德所提出的「性」的本質。從早期研究「歇斯底里」，佛洛伊德慢慢從神經學、解剖學的角度，相關的探討進入到了心理特質，或者更簡單地說「性特質」，這時候精神分析式病理學才逐步概念形成。《性學三論》這部著作分成三個部分，

---

3. 《性學三論》譯文參考林克明醫師於志文出版社出版的新潮文庫系列。

第一部分講性倒錯(perversion)，討論一些性快感的來源不發生於生殖器的案例，例如：窺淫癖(voyeurism)以及性的對象選擇不是一般異性的案例，例如：戀物癖(fetishism)。第二部分則講述幼兒的性，從幼兒早期的性源帶發展，討論生殖器尚未發育的時期，嬰幼兒快感或是享樂的來源，無論是聲音的刺激、皮膚的刺激、口腔黏膜等都從嬰兒的表現中感受到其中的歡愉。透過這些早期「性源帶」的刺激，有很多的行為是「自體欲望滿足」(auto-erotism)。但除此之外，嬰幼兒可以透過機械性的活動、肌肉活動，甚至情感過程、智力活動等，體驗到欲望的滿足。《性學三論》的第三部分討論「青春期」，從發展的觀點出發，佛洛伊德認為一般人的性源帶，從幼兒時期開始，大概三到五歲的時候最為活躍，五歲以後進入潛伏期，一直到了青春期又再活化起來；有些性快感的來源，似乎可以從過去的嬰幼兒發展，找到發展的遺跡，而有些部分則逐步匯聚到青春期開始發展的生殖器官，成為成年後的性目的。

由此，那些搖滾樂的特色，無論是從搖滾樂史中發現的強烈節拍、嘶喊、擺動，或是搖滾巨星為眾人演繹的鮮明節奏與誇張的扭臀，乃至於其他牽涉軀幹、肢體與撩撥感官的音樂，都讓人聯想到人類發展中，原始的感官遊戲。而與這些感官經驗連結的，自然是那些讓人不禁臉紅、心跳加速的歡愉。藉由晃動、騷動、搖動、

滾動帶來的激情，與其說令人感到猥褻，不如說這樣的
活動毫不避諱地喚起愛的激情與肉體的快感，讓人憶起
了那些發展早期的「性源帶」的享樂與欲望滿足。

搖滾樂與「青少年」

對於搖滾樂，許多人都會不假思索地認爲這是屬於
年輕人的音樂。在此，我們必須思考一個問題，關於「年
輕人」或是「青少年」所指到底是什麼？這樣我們才能理
解搖滾樂與「青少年」、「青春期」那密不可分的內涵
爲何。

佛洛伊德在《性學三論》的第三篇寫到了青春期的
轉變，關於青春期、青少年，佛洛伊德是這麼說的──
經過了潛伏期的過程，在青春期因爲荷爾蒙的變化與發
展，所以欲望慢慢必須要匯聚到生殖器的位置。在這個
時期，除了性的成熟之外，還有一個很重要的發展是對
象的選擇，青少年時期逐步從家庭向外發展，在這個階
段年輕人脫離父母的挾制，並且要尋找新的認同。

大多數搖滾樂手自身的歷程，有著類似的青少年發
展經歷，甚至，成爲其他青少年離家與尋求認同時模仿
的對象。前文中貓王Elvis就是個鮮明的例子，他有著謹

守家庭規範、倫理以及放蕩不羈、尋求自我，這樣兩種極端，看似矛盾卻又非常吸引人的衝突形象。一個青少年在嘗試脫離家庭的桎梏與掙扎於伊底帕斯情結的時刻，對這類帶有原始感官刺激的活動，以及足堪仿效、認同的搖滾巨星，怎可能不投注他們全部的熱情？在後面的文章中，我們將以Bob Dylan為例，來說明這樣的心理過程。為了理解一個青少年如何追尋認同，以及向自己心目中的偶像學習的過程，Bob Dylan年輕時對於Woody Guthrie的嚮往，或許可以成為一個很好的說明。當然，Bob Dylan不僅是作為一個歌迷，更廣為人知的，最後他也成為許許多多人心目中的英雄，甚至被稱作是時代的良心。

搖滾樂的「英雄」

像是所有的神話故事一般，「搖滾樂」的歷史幾乎是由一段又一段的搖滾樂英雄的故事所寫成。但當我們討論到英雄故事時，牽涉到兩個問題，第一個是搖滾樂英雄是怎麼出現的以及要如何才能成為一個搖滾英雄？第二個問題則是，如果我們把搖滾樂的歷史都聚焦英雄身上，那些更多以「群眾」之名被寫在搖滾樂歷史上的，

不是英雄或者還不是英雄的人們 4，在歷史中爲數頗多的
「群衆」到底是怎麼一回事？我們深究搖滾樂手的成長
背景以及過往發生的事，同時也追問另一個有趣的問題
是，那些廣大的聆聽搖滾樂的人們，在他們身上發生了
什麼事？

　　漫畫家浦澤直樹曾經畫了一部知名的作品《20世紀
少年》5，這部漫畫的書名脫胎自知名搖滾樂團T-Rex的名
曲「20th Century Boy」。故事內容簡單來說，可以視爲
是一個吉他英雄的童年回憶，故事的時代橫跨20世紀
70年代到21世紀。在21世紀初的時候，有一個人想要透
過政治宗教的勢力來統治世界，但是有一群人知道所有
計劃源自於他們小時候的幻想，在他們的想像中，有要
把地球毀滅的邪惡組織、把東京都破壞殆盡的巨大機器
人。於是爲了拯救地球，這群幼時的玩伴挺身而出。雖
然他們一開始並沒有成功，但最後他們經歷冒險，透過
搖滾樂，以及搖滾樂吸引群衆的魅力，終於拯救了地球。
過程之中主角所經歷的冒險，根源於他兒童時期的故事，
而他青少年成長所經歷與遺忘的，成爲他對抗邪惡組織，

4.1969年歷時共四天的胡士托音樂節(The Woodstock Festival)或許是音樂史上，第一個參
與的聽衆/群衆得到了不亞於表演者/樂手的關注與討論的音樂活動。當時超過主辦人想
像的人數，大量湧入紐約近郊的觀光小鎮，時至今日仍爲人津津樂道，甚至影響了一整
個世代的文化。

5.《20世紀少年》是浦澤直樹的長篇漫畫，1999年至2006年連載於《Big Comic Spirits》
雜誌。單行本共22集，完結篇爲《21世紀少年》，共2集。

從邪惡的人手中拯救地球，最重要的依據。故事中的男主角遠藤賢知雖然肩負拯救地球的任務，但並不是典型的英雄，他年輕的時候，非常喜歡搖滾樂，但是發展得並不是太好，他一直演不出什麼名堂，甚至也忘了搖滾樂帶給他的快樂，成年之後只是一個便利商店的店長。所有曾經的夢想與對未來的想像，在他的心中慢慢淡忘，直到他面臨了地球最大的威脅，有一個組織企圖要統治地球，甚至要毀滅地球，他才重拾兒時的夢想以及對搖滾樂的熱情。

圖2 《21世紀少年》中一幕。成長後的賢知背對著向他歡呼的群眾。

　　站在舞台上的搖滾樂手，或者說英雄，在面對著歌迷們大聲嘶吼、歌唱時，似乎真的認為自己擁有了拯救世界、改變世界的能力。浦澤直樹在《20世紀少年》中創造了一個「反英雄」的主角遠藤賢知（圖2）。遠藤賢知

從外型上就不是高大、帥氣，反而是很普通的平凡人的樣子。作為一個主角，雖然曾經有過夢想，但成年後過的不過是一般市民的生活，家裡從雜貨店轉型的便利商店生意也並不太好。在一幕遠藤賢知誤入神祕組織所舉辦的演唱會時，舞台上的人唱歌，舞台下的人們跟著唱和，活動有著搖滾樂的基本形式，有電吉他、貝斯、鼓手等，台上的歌手帶動著粉絲們高喊：I rock you、I rock you，所有的人都非常狂熱，但身處其中的賢知卻覺得非常疏離，他問自己：「這真的是搖滾樂嗎？」。

現代的大型演唱會對許多人而言已經是非常普遍的經驗，滿坑滿谷的群眾簇擁著舞台，跟隨著舞台上的音樂舞動、歌唱。許多人或許有類似的體驗，倘若進入了風格上格格不入的演唱會，看著台下與台上瘋狂的互動，會覺得莫名所以、難以投入。這其中有一個微妙的界線圈畫了一群有相同喜好甚至是信念的一群人，而在這樣的群體活動中，所有的人都一樣地盡情投入，某一刻甚至會讓人認為不需要再更多理性的思考，只需要全心投入。這是現代演唱會讓人非常熟悉的場景，甚至這也是觀賞演唱會時，非常重要的一種經驗。如果以搖滾樂手的演唱會來思考，這樣的場景非常現代，但如果我們想想一些在人類史上具有更長遠歷史的活動，諸如宗教儀式或是原始部落的祭典，我們會發現這和我們認識的當代搖滾樂場景有著非常相似的形式。有帶領的領導者、

有群眾，所有的人懷抱著相同或是類似的信念一起投入參與，或者隨之肢體搖擺，或者隨之吟誦歌唱。我們熟悉的現代搖滾英雄以及現代演唱會場景，或許可以連結到人類歷史中更古遠的形式，而在這樣古遠傳承的形式中存在著重要的心靈運作模型。

搖滾樂的「群眾」與「認同」

關於「群眾」以及群眾的心理學，佛洛伊德後期有一部作品《群體心理學與自我分析》開啓了精神分析史中相關討論的先河。在佛洛伊德身處20世紀初的年代，歐洲各地開展了許多群眾運動，當時很多社會學家開始探討「群眾」這個概念。佛洛伊德在這部作品中，回顧了當代其他學者對於「群眾」的看法，並且提出了「認同」(identification)的概念以及應該是精神分析最早講述的客體關係模型。

當時法國有一位學者Gustave Le Bon [6]，是最早描述關於「群眾」特徵的學者。他提出「群眾」的特徵包括有：1.同一化，消解矛盾，2.智力的下降，3.暗示感受性

6.Gustave Le Bon (1841年5月7日－1931年12月13日)，法國社會學家、心理學家，以對群體心理學研究聞名。經典著作《Psychologie des foules》台灣有發行譯本《烏合之眾：大眾心理學研究》台北：臉譜‧城邦文化

(suggestibility)，這些直到現在都還是討論群體/群眾很重要的參考。根據Le Bon的說法，在群體之中所有人的目的性好像都是統一的，雖然每個人有著不同的個別性，但是在群體裡，這些不同與矛盾似乎都會消解不見。智力的下降所指的是群眾的非理性行為，群體有可能會做出一般個人不會獨自去做的事情，但佛洛伊德也指出在許多有文化傳承歷史久遠有組織的群體，例如教會，這類群體非但不會做出智力下降的行為，反倒有可能做出超過一般道德標準的行為，所以群眾的智力下降並非必然。至於高度的受暗示性(suggestibility)是群眾的一個重要特徵；在群眾運動中，領導者簡單的一句話有著莫大的影響力，群眾則帶著強烈的情緒呼應領導者的要求。這之中情感的變化非常巨大，佛洛伊德嘗試提出心理學上的解釋，包括以感染、模仿、暗示等方式，群眾從彼此個人間的模仿與情緒感染，到群眾中首領的威望所發生的影響力等，並且連結到催眠治療的現象以及他所提出的力比多(libido)理論。

佛洛伊德在《群體心理學與自我分析》第七章中討論「認同」(identification)。他以「伊底帕斯情結」為例說明這個心理現象原初的發生，是一個小男孩在成長中愛戀他的母親，逐漸發現父親是他和母親之間的阻隔，於是他對於父親的認同帶上了一種敵意，即是在和母親的關係中，希望能夠成為替代父親的角色。佛洛伊德以

此說明「認同」是與對象情感連結的原初形式，並且逐步向內投射將對象歸入自我。以這個模型，他更引申來解釋包括歇斯底里、男同性戀、憂鬱症以及催眠現象等案例的心理狀態。在《群體心理學與自我分析》第八章，佛洛伊德更進一步畫出一個簡要模式圖(圖3)。

圖3《群體心理學與自我分析》中佛洛伊德的手繪圖。

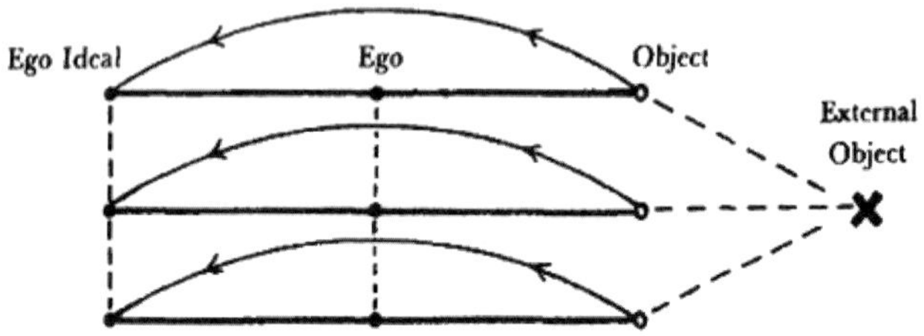

Ego ideal (自我理想[7])在佛洛伊德不同的篇章中多次出現，並且指涉不同的概念。在這個模型裡，自我理想被置於有別於自我的位置，是指某個對象被內涉成為一個客體後，被放置在一個高度理想化的位置，對於這樣一個客體，主體會迷戀、依賴或是臣服。而群體中諸多來自於個體的「自我理想」匯集，就成為集體的理想。

7.自我理想在佛洛伊德的著作中首見於《論自戀：一篇導論》(1914)：投射在自己面前的理想，是其童年失落的自戀替代物，當時他本身就是自己的理想。而在後來的文章《自我與本我》(1923)，自我理想幾乎被當作「超我」的同義詞使用。

　　從上述的模型，佛洛伊德嘗試說明在群體中，除了一般個人之間的感染與模仿外，群體的首領對於個人發揮影響力的機制。但在二十世紀，當時對於群體以及群眾運動充滿了好奇的社會學者、心理學家，仍然有個重要的問題是：具有威望的領袖、帶領群體的英雄到底是如何形成的？上述模型所構想的是以群體中個人的角度，把外在首領/英雄內化成為自我理想，但如果我們從一個首領的角度出發，那會是一種什麼樣的心理學風景？英雄從何而來？如何而生？從當時就是一個重要的難題，而佛洛伊德嘗試從民族學的觀點，原始部落生成的想像來理解「首領」的概念。在佛洛伊德1913年《圖騰與禁忌》一書中就有著這樣對於原始部落的想像；最原初的部落裡可以統治一切的大家長，主宰整個部落，而從人類歷史開端的部落中體現的個人對於族長、首領的矛盾情緒，包括敬愛與暴力，甚至是想要殺死首領，遺留至今；最古老的集體心理成為現今人類心理的原型。這種從原始集體心理遺留、蛻變為當代人的心理無意識狀態，似乎缺乏明確的證據，但也成為佛洛伊德後期學說帶有神秘主義色彩的部分。

　　我們的討論從搖滾樂深受年輕人喜好，理解青少年時期對於愛欲對象的選擇以及在這個階段的認同發生，連結到搖滾樂在這個認同發生中，群眾與首領/英雄之間的心理學內涵。套用佛洛伊德在《群體心理學與自我分

析》中所描述的群體中個人的心理樣態，可以幫助我們了解，對於一個青少年在這個發展階段，「認同」的需求以及在群體中感染與模仿行為形成的「自我理想」。但循著《群體心理學與自我分析》最後的疑問：首領/英雄從何而來？我們想要更深入思考的是，在以搖滾樂英雄故事譜寫而成的搖滾樂史中，領袖/英雄從何而生？

接下來我們藉用一個例子來探討。他是個樂迷，因為追尋著偶像的腳步踏上音樂之路，之後他成為眾人擁戴的英雄。後來，他是個搖滾英雄，受人景仰、追隨，但他卻抗拒這個身分。作為一個「搖滾英雄」，他從何而來？

搖滾樂的英雄──Bob Dylan

Bob Dylan出生在明尼蘇達州杜魯司這個城市，這是一個湖畔的港口也是一座發展礦業的城市。因為靠近蘇必利爾湖畔，這座城市即使在夏季也顯得濕冷，他自己是這麼形容杜魯司的：「多半是藍灰色的天空和神秘的霧警號角聲，以及似乎總是來勢洶洶的暴風雨，無情咆嘯的狂風在黑色而神祕的湖面，捲起變化莫測的十尺巨浪。」[8] Bob Dylan的父親患有小兒麻痺，大多都是從事

8.《搖滾記：Bob Dylan自傳》(2006) 大塊文化

鐵工、電工等勞力工作，Bob Dylan對自己的父親記述不多，但他從青少年時期就一直懷揣著要離開家的想法，期盼著在外面有著更大的世界。而他高中畢業後也就迫不及待地前往州最大的城市明尼亞波利(Minneapolis)，直到父親過世才回到故鄉。在他自己的傳記裡留下了這段話：「我當初離開家時，就像哥倫布準備進入無人的大西洋。我離開。到達地球的另一端——海的盡頭——如今我回到西班牙，回到最初的起點，帶著幾分呆滯的表情回到女王的宮廷。」9，在Bob Dylan離開家時，他說自己要自稱是羅伯艾倫(Bob Dylan的原名為Robert Allen Zimmerman)，因為這是他父母親給他取的名字。

但當他在各地開始演出後，他卻經常更換他的名字，他給自己取名的靈感可能來自於雜誌的一篇內容，或是他喜歡的樂手、歌手，或者詩人。從Bob Dylan不斷採用新名字的過程，可以讓我們感受到，他這段青少年時期是一段追尋認同之旅。他開始比較固定稱呼自己為Bob Dylan差不多是在他18歲之後。當時他在雜誌上讀到一個薩克斯風手名叫David Allyn，覺得Allyn這個字蠻有異國風味的，另外當時他也喜歡閱讀英國詩人Dylan Thomas的作品，而他音樂圈的好友們當時常暱稱他為Bobby。於是某天靈機一動，他就開始稱呼自己Bob Dylan。

---

9. 《搖滾記：Bob Dylan自傳》(2006) 大塊文化

Bob Dylan十八歲時，為了尋找《在路上》10 讀到的東西──五光十色的大城市，城市的速度與聲音──他去了明尼亞波利念大學，在那裡他聽到 Woody Guthrie 11 的歌。在Bob Dylan的自傳裡，他這樣描述第一次聽到Woody Guthrie的經驗：「那天我整個下午在聽蓋瑟瑞，入神而恍惚，彷彿進入狂喜。我覺得我發現了掌握自我本質的所在；我覺得自己進入了內心深處，從來不曾那麼貼近自己。」12 自此他下定決心，從此之後只唱Woody Guthrie的歌。當時，Bob Dylan並沒有見過Woody Guthrie，但是在他心目中所想像的模樣，竟然浮現了父親年輕的影子。這是Bob Dylan對於Woody Guthrie的想像，在那一刻，一個剛離家要尋求新的認同的青年，把自己的偶像置換成父親的形象。

但後來這樣的想像、認同追尋很快就挫敗了。我們都說Bob Dylan是Woody Guthrie的繼承者，但事實上Bob Dylan在明尼亞波利時期，有一位民謠大師Jon Pankake告訴他只唱Woody Guthrie是行不通的，因為你永遠不可能成

10. 《在路上》(On the Road)是美國作家傑克凱魯亞克(Jack Kerouac, 1922-1969)一部自傳性質的小說，記述作者橫穿20世紀中期美國大陸的經歷。被公認為60年代嬉皮運動與垮掉一代(Beat Generation)的經典之作。

11. Woody Guthrie(1912-1967)被譽為美國民謠之父，歌曲記錄了許多失業農民與工人的故事，他個人也參於當時的左派運動。1952年以後，因為情緒精神症狀與肢體的不自主活動，長時間於精神科醫院住院治療，一般認為他當時罹患亨丁頓舞蹈症。

12. 《搖滾記： Bob Dylan自傳》(2006) 大塊文化

為Woody Guthrie。在那個時代有另一位歌手Jack Elliott 13，不但更早起步，甚至親炙大師Woody Guthrie的歌曲，跟著他一起四處演唱。當他聽到Jack Elliott的音樂時，他感覺自己像是被拋進地獄，Elliott已經超越了Woody，而當時的Bob Dylan還只是剛要起步，想達到Woody Guthrie的水準。

在差不多將近20歲的時候Bob Dylan前往紐約，然後開始在格林威治唱歌，發展他的歌唱生涯。當然，紐約格林威治離當時Woody Guthrie養病的醫院並不是太遠，Bob Dylan會選擇紐約，其中一件重要的事就是要和Woody Guthrie見面。事實上，在Bob Dylan聽到Woody Guthrie音樂之前的50年代初期，Woody Guthrie就已經為疾病所困擾，多次出入精神科醫院，最後一般的說法是認為當時疾病診斷為亨丁頓舞蹈症。無論如何，Woody Guthrie晚年幾乎都是在精神病院度過。Bob Dylan是這樣描述的：他跨過了重重沼澤，非常濕冷又陰暗的地方，才在精神病院裡看見Woody Guthrie，而這個地方是一個沒有心靈出路的地方。可以想見，青年Bob Dylan離鄉尋找新的認同，當他在心目中認定了自己的偶像，最後看

---

13. Jack Elliott (1931-) 知名民謠歌手，被認為受Woody Guthrie影響最深，甚至Woody Guthrie也同樣為民謠歌手、抗議歌手的兒子Arlo Guthrie自述自己是從Jack Elliott那裡學習了父親的音樂風格。

到的卻是這番景象，有多麼的失落。而在他自傳《搖滾記》記述這段會面經過的章節就叫做「The lost land」(失落之地)，或許也有致意Woody Guthrie名曲〈This land is your land〉之意。但我們可以想像這段經歷，Bob Dylan作為Woody Guthrie粉絲，到最後實地與本人會面所產生的影響。隔年Bob Dylan發行個人第一張專輯唱片《Bob Dylan》，在這張以他個人的名字命名的唱片，有著他確定要展開屬於自己人生的意義，其中的一首歌就是題名獻給蓋瑟瑞的〈Song to Woody〉。歌詞的內容帶有灰暗的色彩，他自敘為蓋瑟瑞寫了一首歌：「是關於前行中蒼老的世界，似乎病了、餓了、累了，也破了，看起來它已經要死了卻才出生。」

後來，再隔兩年，他和當時的民謠女王Joan Baez巡迴演出，Bob Dylan已經是許多青年與社會運動者的代言人。作為一個受大眾歡迎的歌手，Bob Dylan一直對於被人們當作是傳奇人物，或者時代的良心這類的稱呼非常抗拒。對於Bob Dylan曲折的人生而言，這是一直纏繞著他的困擾，作為一個「英雄」、「領導」，他與追尋他的「群眾」強烈拉鋸。當許多人呼喊著要他帶領群眾，擔任大家的代言人，他卻想選擇不為追求者所期待的，屬於他自己的人生。

　　在60年代中期，Bob Dylan從民謠轉向搖滾樂，並且在自己的現場演出中，開始大量使用電吉他這類原本較少使用的樂器，這讓許多視他為時代良心、民權鬥士的民謠聽眾認為他是叛徒，甚至在現場演出中激烈地投以噓聲，打斷他的表演。被認為繼承Woody Guthrie以降的民謠傳統，並且受到大批的群眾喜愛、追逐，但卻斷然放棄了民謠，不避諱原本群眾的抗議，展開了他新的音樂形式。除此之外，在70年代後期，Bob Dylan宣告自己是再生基督徒(Born Again Christian)，並且發行了三張帶有基督宗教氣息的音樂專輯，這也讓許多樂迷感到不可思議。而在2016年諾貝爾文學獎宣告得主為Bob Dylan後，他也並未在當年的頒獎典禮上現身領獎，卻是在隔年由瑞典學院公開一段影像，表示他已私下完成領獎。Bob Dylan現在已經76歲，這些不從眾，抗拒榮耀、頭銜的行為，已經成為大家熟悉的Bob Dylan的形象。

　　從一個音樂粉絲，追尋心目中的偶像，到自己成為眾人謳歌追尋的英雄；回顧Bob Dylan的歷程，似乎可以發現Bob Dylan讓樂迷糾結的心情，就好像他自己青少年時期追尋認同對象的歷程一般。Bob Dylan從許許多多的音樂類型中，找到了Woody Guthrie。但是只想唱Woody歌曲，甚至是成為Woody Guthrie的想法，所經歷的過程其實充滿坎坷，甚至就Bob Dylan主觀感受到的經驗，恐怕

追求的結果僅僅是一塊失落之地。作為追尋Bob　Dylan，視他為英雄/偶像的粉絲，在屬於群眾的認同經驗中，似乎也得必須一次又一次地經驗Dylan經歷過的失落。

如果我們將「失落」的經驗回溯到更早，或許可以想像每個人都要離開家，需要脫離父親、母親。甚至以神話的觀點，像是伊底帕斯的故事，必須把父親殺死，或者用佛洛伊德晚期提出的原始部落神話，殺死父親、分食父親的肉身與血液，成為部落共同的經驗與禁忌。在神話的模型中，當我們追尋一個「英雄」到成為一個真正的「英雄」，心裡上必然經驗失落，而日後也成為反覆影響著我們，包括認同、抗議與背叛的一項心理機制。

從「群眾」的誕生到「英雄」的誕生

從搖滾樂誕生的歷史，我們看到了近代非常有影響力的群眾形式，在這樣的活動裡，有令青少年著迷的神秘魔力。藉由爬梳精神分析理論中對於青少年發展階段的概念，以及從青少年階段發展的「認同」連結到大眾活動中，群眾與領導/英雄關係中的心理機制，我們嘗試理解搖滾樂發揮巨大影響力的可能原因。最後，透過回顧Bob　Dylan這位搖滾樂史上非常受到歡迎的歌手/創作

者，從他個人作爲一個樂迷，追尋他心目中偶像的歷程，到他自己成爲衆人追逐的對象，以及他一直抗拒作爲一個衆人追隨、模仿的對象，這樣的過程，更深入理解搖滾樂作爲青少年尋求「認同」過程中可能的心理機制。

　　或許有些心理運作的痕跡無法透過言說的方式簡單敘述，但是透過親身的體驗，那種追求偶像與認同的過程，興奮、背叛與失落的這些感受令人感到熟悉。我們隱隱發現，這似乎並不是第一次的經驗，在人生早期的成長，甚至更古遠的族群發展的歷史裡已經一次又一次發生。

Bob Dylan的旅程

- 1941.5.24 生於明尼蘇達州杜魯斯
- Robert Allen Zimmerman

    —David Allyn, Dylan Thomas, Bobby → Bob Dylan
- 1959 前往明尼亞波利 (聽到Woody的歌)
- 1963 「The Freewheelin' Bob Dylan」(Blowin' in the wind)
- 1963- 1965 民謠與民權運動

    —被喻爲一整個世代的良心
- 1965 「Highway 61 Revisited」—「Like a Rolling Stone」

    —音樂風格的衝突(不插電vs.插電，民謠vs.搖滾)
- 1966 巡迴演出，Royal Albert Hall 演出事件
- 1966.7.29 重大摩托車車禍後銷聲匿跡
- 1968.1.20 重新出現在大眾面前 (Woody Guthrie的紀念音樂會)
- 1978 傳說「11月在亞利桑那州Tucson遇見耶穌」
- 1979 再生基督徒

    —Slow train coming, Saved, Shot of Love, Infidels
- 1988 開始「Never Ending Tour」
- 2016 獲得諾貝爾文學獎

「Yes」！
搖滾出共有的孤獨

作者｜黃世明

精神科醫師

法國巴黎第七大學「精神分析研究」學院碩士

臺灣精神分析學會監事

當單瑜醫師邀請我在2017年末談「搖滾樂
與精神分析」時，心裡是很開心，但準備的過
程卻越來越不安。開心的是，搖滾樂，乃至第
一時間想到的「Yes」樂團，對我來說有些特
別的意義。這是年輕時曾經投入（並不是整個
領域的廣泛接觸，而只是領域中一小部分的投
入。這裡所說的『投入』，意義上當然是類似
於『投入資金』那般地投入精神能量，就像英
文的cathexis或法文的investissement），但後來
就沒有那麼熱衷，幾近半放棄狀態的領域；而
這次演講正是個難得的機會，讓我有機會回頭
整理這場具有獨特意義的音樂旅程。

然而準備的過程倍感惶恐，甚至可說是，
非常後悔。我發現想用語言去講我原本想談的
音樂意義，是非常困難的事，甚至彷彿不可能。
就像夜裡做了個夢，醒來時想把夢境寫下來，
卻發現無論如何都無法傳遞夢裡，不管是有趣、
荒謬或恐怖的各種情緒衝擊；或者說，夢境裡
的某些部分一旦嘗試以語言去逼近時，馬上就佚
失了......。難道這就是類似於佛洛伊德所說的，
夢的「臍點」（nodal point）的東西？另一個
困難來自「音樂是時間的函數」這個事實——

不管是音高、節奏、旋律、和聲或音色，不同
的時間裡，我們接觸到的總是不同的音樂元素；
而當我們試圖去「談」或「寫」音樂時，難道
不是把某些東西從時間變數，或所謂的音樂脈
絡裡抽離嗎？

　　除了前面提到的那些音樂元素之外，搖滾
樂還有歌詞，有些人也許會覺得歌詞是文字，
我們總可以談談歌詞的含意，或試著從歌詞裡
去了解音樂；在以下的討論，我也無法避免從
歌詞，搖滾樂中唯一的文字元素，去開展意念
的聯想。然而這樣的作法必須附帶警語──我
們記得佛洛伊德說過（特別是在《夢的解析》
裡），在無意識衍生物中（如夢、口誤、症狀、
甚至是引人發笑的機智妙語），一個字詞的出
現與整體的關係，常常是因為詞語聲音（甚至
只是其中某個音節）的連結，而非由於詞語的
意義本身。我們也常聽到流行樂、搖滾樂創作
者在談到歌詞時，說某個字「只是因為押韻才
放進去」。或許有時歌詞與其說是文字元素，
還不如說更貼近音樂元素？我對音樂的了解與
洞見不足以讓我對此一主題進行深入討論，但
對我來說，音樂（即使是有歌詞的搖滾樂）或

許更貼近於精神上的初級過程（primary process）。

　　我與「Yes」樂團的結緣，是從1984年的《90125》這張專輯開始。然而「Yes」的成立與前衛搖滾圈裡的成名卻遠比這個時候要早。所謂的前衛搖滾（progressive rock）內涵十分複雜，不容易把各種不同樂團的風格涵括於同樣的描述；但若借用David Jackson（另一個英國前衛搖滾樂團『Van der Graaf Generator』的成員）的說法，是起源於披頭四發行的《比伯軍曹寂寞芳心俱樂部樂團》（Sergeant Pepper's Lonely Heart Club Band）這張專輯所掀起的風潮與評論：「大家相信：一種尚未命名的音樂種類誕生了，這種音樂融合了搖滾、古典、爵士、民謠與印度風格，我們發現音樂可以既有創造性又大眾化。」前衛搖滾意圖擺脫流行音樂的格式與束縛，常常藉由複雜或大篇幅的長度與歌曲結構，希望創造未曾嘗試過的音樂形式。

　　1968年的某日，Jon Anderson（後來『Yes』樂團的主唱以及主要歌詞創作者）與Chris Squire（貝斯手）在倫敦西邊郊區的一個小酒吧，經由酒吧老闆介紹而認識，因緣際會下「Yes」這個樂團誕生了。根據資料的描述，

兩人當時皆不得志，但一定是有什麼音樂上的奇妙頻道互通，讓他們一拍即合。Squire兒童時期的音樂啓蒙經驗來自教堂的唱詩班，Anderson則喜愛史特拉汶斯基與西貝流士，兩人皆不滿足於僅僅只做主流架構下的音樂，而想往更新奇的方向探索。他們決定一起做樂團後，很快地就找到Bill Bruford（『Yes』在70年代早期的重要鼓手），然後Tony Kaye（第一代鍵盤手）與Peter Banks（第一代吉他手）也加入。「Yes」樂團正式成立。

「Yes」這個樂團特別的地方，在於成員經常更換，甚至連創團元老、主唱Jon Anderson都曾經離開兩三年；好幾位核心人物多次在加入後離開、後來又重新加入，像是吉他手Steve Howe，鍵盤手Rick Wakeman都是；團員變換如此頻繁的原因之一，是成員們的才華洋溢，幾乎每個成員都可以獨當一面，而且對音樂有獨到的見解，所以像Rick Wakeman在70年代中，不管是否待在樂團，他的個人創作都非常豐富，出版了如《地心之旅》和《亞瑟王與圓桌武士傳奇》等鍵盤搖滾樂的經典之作；Bill Bruford在離開「Yes」之後，又成爲另一個重量級前衛搖滾樂團King Crimson的核心人物。

由於他們的音樂都有一定程度的複雜性（尤其早期的幾張『經典專輯』），聽他們的音樂需要要求一定程度的熟悉，才容易進入狀況。第一次聽往往讓人困惑，

常常要反覆聽好幾次，讓音樂如滴水穿石般進入心靈領域安住下來，才能稍有「聽得懂」的感覺（當然什麼叫『聽得懂』值得另作一番討論）。但熟悉之後，對於其中某些元素彼此串連應和的高妙程度，往往令人有拍案叫絕的衝動！或者也許拍案時是假裝自己是鼓手或貝斯手正在演奏當中？

以下，依照個人聆聽的歷史，以五首歌作爲引子來介紹。我分別給它們各自的獨立標題，像是我從其中學到的五堂課。引用的歌詞是我自己翻譯的，並不追求完全精確，毋寧說是個人對歌詞乃至整首歌曲的主觀閱讀。另外，每首曲子會附上Youtube的音樂影片連結網址。

必須承認，我仍相信音樂本身比我所能講的還要多很多，因此私心希望讀者們勞動雙手與耳朵，到電腦或手機上找這些音樂來聽。讓我們開始一段音樂之旅……

放手孤獨（Owner of A Lonely Heart/《90125》，1984）

（參考影片：Youtube請搜尋 『Yes - Owner Of A Lonely Heart 1983 Video Sound HQ』，網址：https://youtu.be/vpIduDaggVA）

也不知是有意還是無意，自己居然選擇了一個看起來很「矬」的影片（就是上面提到的參考影片），也許

我心裡認為，喜歡〈Owner of A Lonely Heart〉的自己很「矬」吧？

　　我自己第一次聽到〈Owner of A Lonely Heart〉這首歌的時候，確實還是很「矬」的年紀，在當時不久的將來，有個人生的重要考試等著我。也許是某種青少年特有的煩躁，讓我開始聽當時美國「錢櫃」（Cashbox）和「告示牌」（Billboard）排行榜。1984年初〈Owner of A Lonely Heart〉這首歌第一次打進排行榜並且拿到冠軍；在過去從來不聽搖滾樂的我一開始只覺得，這首歌怎麼這麼吵，一點也不悅耳好聽。以當時的聆聽經驗，還沒辦法讓自己懷疑自己所謂「悅耳好聽」的標準是什麼？但年輕畢竟是有好處，彼時的感官與腦袋可塑性高，適應力強，像海綿一樣什麼都可以吸收。這首歌的歌詞與旋律都不特別複雜，又有讓人忍不住打拍子的節奏，聽了幾次之後，歌詞配合上音樂所形成的整體音樂性，就像在腦子裡印出一個模子似的，多少掙脫了時間函數的魔掌，形成類似於「夢的顯內容」（manifest content of dreams）在意識中所留下的印象。

Move yourself

動起來吧

You always live your life

你總是愛怎樣就怎樣，恣意生活

Never thinking of the future

從來不考慮未來

Prove yourself

證明自己吧

You are the move you make

你的每一步棋構成了你自己

Take your chances win or loser

不管是贏是輸總得一搏

音樂要我們「動起來」，這對長期壓抑、永遠都得「延遲滿足」的青少年學生來說，在克服初期的「不悅耳動聽」的阻抗之後，吸引力或許顯而易見。音樂要我們證明自己，放手一搏，這也與內心對伊底帕斯勝利的渴望（即使現實中僅能以象徵、昇華後的方式實現）相互呼應。

Watch it now

看哪

The eagle in the sky

天空的老鷹

How he's dancing one and only

他總是自己獨舞

You — lose yourself

你 — 失去自己

No not for pity's sake

不，別只是為了讓自己可憐

There's no real reason to be lonely

沒有理由孤獨

Be yourself

做你自己

Give your free will a chance

給你的自由意志一個機會吧

You've got to want to succeed

畢竟你想要

老鷹在空中盤旋的影像吸引著我。獨舞的身影，不需要別人，其引人之處難道不是因為它滿足了我們的全能幻想嗎？「給你的自由意志一個機會，畢竟你想要」、「別只是為了讓自己可憐」這是一首讓人振奮的曲子！

歌曲的最後有個出乎意料的轉折。間奏之後，歌聲變得高亢，連續唱了三次「Don't deceive your free will at all」，然後是「Just receive it」。Just receive it 與其說是被動的接受，還不如說它更像當今大家朗朗上口的 Nike

廣告詞：「Just do it」。放手去做，放手去接受你的自由意志、你的欲望。

從今天的角度來看，這首歌在很多面向上，像是專門為了青少年下一階段精神層次的「分離」做好準備似的。要像老鷹一樣飛向天空，在天上獨舞，要勇敢去做自己想做的事，意味著青少年需要在心中準備好失去父母的保護（包括在心中脫離父母從小的告誡：『危險啊，不要跑得太遠（飛得太高？）』，也是脫離從小因為遵守這些告誡所帶來的內心安全感），而開始邁向獨立的過程。分離，一如一切現實中或小說戲劇裡的分手，其挑戰總在於如何和心中那個需要柔情（tender feelings）的部分分手。就這個層面而言，這首歌與我們接下來要談的歌〈Changes〉一樣，都是與分手有關的歌。

變變變（Changes／《90125》，1984）
（參考影片：Youtube請搜尋『Changes by Yes in HD』，網址：https://youtu.be/P6jAMwK-4QU）

這首歌的前奏，一開始就由某種類似木琴的電子打擊樂器演奏出快慢不一的Do-Mi-Sol-La（相對音高），用拍子間隔的差異製造出各種不同急切、催促感的節奏線條，抓住聽者的注意力，呼應著歌名〈Changes〉表達

的主題。接著，鼓聲配合著節奏加了進來，然後是電吉他極快的琶音嘶吼，標示一個段落；忽快忽更急的Do-Mi-Sol-La又來一次，這次鍵盤、打擊樂器、電吉他、貝斯很快合流，節奏轉為規則，通俗旋律出現。Jon Anderson的歌聲唱著：

I'm moving through some changes

我歷經一些改變

I'll never be the same

我不再一樣

something you did touch me

某些事確實曾經觸動我

there's no one else to blame

這不能怪誰

The love we had has fallen

我們曾經的愛已經墜落

The love we used to share

那段我們共有的愛

We've given up pretending

我們早已放棄假裝

As if you didn't care

彷彿你毫不在意

　　以音樂的角度來說，今天的我依然覺得這是一首很棒的歌，不過歌詞描述的，是流行音樂裡很常見而平凡的萬年主題：分手。我自己並不是很清楚這首歌什麼地方吸引著我，只知道有段時間 「moving through some changes」與 「never be the same」這兩句話總在我腦海裡盤旋。又或許，是歌詞裡對於憂鬱與空虛的描述，讓人初次窺探到這個黑暗世界？

I look into the mirror
我看著鏡子裡
I see no happiness
看不到快樂
All the warmth I gave you
給你的一切溫情
Has turned to emptiness
都化為空虛

　　分手的憂鬱躍然「音中」，也表現在歌詞裡。憂鬱、空虛，確實需要鏡子（或別人的目光？也許這是當代『憂鬱量表』這麼盛行的原因，我們需要量表來當鏡子才看得到自己的憂鬱嗎？）否則我們無法再現（represent，representation），看不到自己的「never be the same」，

再也不是原來的自己。在歌詞的反覆部分（refrain）：

Change changing places
改變一直換地方
Root yourself to the ground
站好你的馬步
Capitalise on this good fortune
把握這次好運
One word can bring you round
一個字就能讓你時來運轉
Changes
變！

　　對青少年來說，確實像是喊了聲「變！」之後，一切就變了：聲音變了，身形變了，毛髮長出來了，連以前看了就討厭的女生男生也都不再只是討厭的感覺……。

　　法國精神分析師朵托（Françoise Dolto）認為，青少年時期是成長過程中，第二個想像域活躍的時期。在兒童期所謂的「伊底帕斯危機」之後，理想狀況下孩子對雙親不管是佔有慾或敵意都逐漸緩和，而逐漸學習「等

待」， 等待長大。他知道自己只是孩子，他知道愛的對象不能在家庭中尋找。理想狀況下，孩子對母親逐漸轉變為一種帶著理想化的柔情，對父親則同時有著信賴與畏懼感；既信賴也畏懼父親希望他遵守的律法，這律法並非父親所訂定，而是父親藉由以身作則提供了典範，因而以父親為代表。父親對孩子來說是這樣的一種榜樣，他既是律法的守護者，也是自身驅力的主宰者。

而青春期身體的變化（男孩的精液流出、女孩的初經等）所伴隨之性特質萌芽，開啟了精神生活中另一層面的想像成分。此一層面的想像活動與兒童期有所不同，因為兒童期想像活動的對象總是針對身邊的人：父親、母親、兄弟姊妹，頂多是有限的親戚或鄰居玩伴等。但青少年的驅力對象開始離開家庭，朝向外在世界：學校的換帖兄弟或閨蜜姐妹往往比家人來得重要；他們設法找到興趣相仿、氣味相投的同齡（或稍大）的孩子形成團體，或者想方設法加入他心目中的理想團體。他們開始對偶像的狂熱崇拜，像是運動員、歌手、演員等，這些對象取代了昨日英雄——小孩心中父母的形象。

以上所說的，青少年在現實生活中的同儕團體或偶像，並不只是一種替代（Ersatz），而是扮演了中繼站的角色；藉由在其中的滿足與挫折、困難或成功，為了下一站，將來在社會中真正的自信獨立做準備。

　　對我來說，「Yes」的這張《90125》專輯也有點像中繼站的角色。當我深受其中的音樂震撼，開始以為自己知道，為何過去大家都說「Yes」是個偉大的樂團時，同時也聽到過去的「Yes」樂迷批評《90125》「遠離了真正的Yes之聲」、是「向流行低頭/庸俗的Yes」。我所深愛的《90125》專輯裡的吉他獨奏，我所認為教了我很多「搖滾元素」的吉他手Trevor Rabin，卻是一些人口中讓「Yes」樂團庸俗化的推手？面臨世代差異所給我的挫敗感之餘（就好像我還不夠格被接納為真正前衛搖滾樂迷大家族的成員？）也不禁好奇，那個不向流行低頭的真正「Yes」之聲是什麼？我很想聽聽看。

　　我一開始所選擇的聆聽，是1971-72年間讓「Yes」在搖滾圈內初次嚐到成名滋味的專輯《Fragile》。

天旋地轉，往哪兒？（Roundabout／《Fragile》，1971）

（參考影片：Youtube請搜尋 "Roundabout (Yes); drum cover by Sina"，網址：https://youtu.be/aVLm8oVNNPE ）

　　如果說《90125》專輯裡的〈Owner of A Lonely Heart〉是瞄準流行音樂市場的成功暢銷單曲，而另一首

非主打的〈Changes〉在音樂風格上並沒有偏離大眾喜好太多，團員卻有更寬廣的自由發揮空間。到了《Fragile》則是讓「Yes」團員盡情綻放才華的創作舞台；除了創團的Jon Anderson與Chris Squire外，稍後加入的Bill Bruford，70年加入的Steve Howe與71年加入的Rick Wakeman，個個都是足以獨當一面的好手，他們對前衛搖滾共同的理想，讓這些人湊在一起時產生微妙的化學作用，創作出一種屬於「Yes」獨特風格的音樂。

製作《Fragile》的時期，當時的鼓手Steve Howe如此回憶道：「當時我們的創造力正高昂。」創造力高昂不等同於商業成功，不過這張專輯顯然讓「Yes」二者兼得。《Fragile》專輯名字並非隨意而取：「我們了解到一個樂團是很脆弱（fragile）的，而我們誠實面對這個處境。」（Chris Squire語）這顯然也與這個團體習慣的工作氣氛有關。大家居住的地方相距遙遠，聚在一起工作並不容易；錄製專輯時往往利用短短數天的密集工作，把專輯完成；音樂上合作密切，每個人又都要求甚高。在71年剛加入「Yes」（剛好就在《Fragile》專輯之前）的Rick Wakeman曾如此描述他剛進「Yes」工作的感受：「這不是一個容易融入的團體，因為大家在社交上沒什麼太多交集。沒交集是好事，因為我不覺得音樂與社交二者可以兼顧得很好。但是，我們總是在音樂會後爭吵。

剛開始的時候，我實在無法相信，一個樂團竟然可以這麼常吵架；我常覺得好像吵到快要解散了……，但後來我發現，他們就只是吵而已。音樂會後每個人都在告訴其他成員，他們覺得對方哪裡演奏得不好。他們每個人都是完整的（音樂）個體（有自己的音樂看法）。」即使如此，難得的是在舞台上的實際演出時，卻看不出有任何欠缺和諧的跡象。

〈Roundabout〉是《Fragile》專輯的第一首歌也是主打歌，甚至可說是樂團第一次打進流行音樂排行榜的單曲（雖然成績和後來1984年的『Owner of A Lonely Heart』不能同日而語）。這首歌有些讓人一聽就容易喜歡上的地方，卻也不缺豐富的樂思，常有靈感迸發的神來一筆。開頭的吉他和弦讓第一次聽到的人會誤以為是古典吉他樂曲，但四十幾秒之後Squire的貝斯與Bruford的鼓聲，就讓人忍不住雙腳打起節奏。一分鐘左右主唱Jon Anderson的聲音帶出「I'll be the roundabout」：

I'll be the roundabout
我就是那圓環
the words will make you out'n'out
字詞會把你弄得團團轉

you change the day your way

用你的方式改變了這天

call it morning driving thru the sound and

就說這是早上的開車，經過

in and out of the valley

那些聲音，開進又開出山谷

the music dance and sing

音樂舞著，唱著

they make the children really ring

孩子們圍繞奔跑

I spend the day your way

我用你的方式度過這天

call it morning driving thru the sound and

就說這是早上的開車，經過

in and out of the valley

那些聲音，開進又開出山谷

in and around the lake

開進湖區，繞湖而行

mountains come out of the sky and they stand　there

山巒自天際現身，聳立遠方

one mile over we'll be there and we'll see you

再一哩路就到了，我們將相見

ten true summers we'll be there and laughing too

未來十年我們都在，一同歡笑

twenty four before my love you'll see I'll be there with
you

再24小時就見到你了，我的愛

……

影片3分22秒左右開始是一段很精彩的間奏，一小段
鍵盤樂器的樂段帶出鼓與貝斯的合奏，其中爵士鼓更是
份量吃重的主角。這段間奏初聽似雜亂無章，但仔細聽
可以發現銅鈸與中音鼓各自的節奏不同，應該是「複合
節奏」（polyrhythm），這是Bill Bruford的功力，我相信
其中一定有一些更細微精巧的地方，以無言的方式滿足
著聽者的耳朵。此曲的音樂影片，我選擇了Sina這位少
女鼓手的老歌新奏（用原始唱片除去爵士鼓聲部而重新
演奏），她在影片的最開頭向Bruford致敬，大家或可從
影片中感受此曲精彩之處。

影片3分41秒左右，和聲開始加進間奏，我傾向將這
段人聲視為另一種樂器。歌詞是這樣的：

along the drifting cloud the eagle searching down on
the land

沿著飄浮的雲，老鷹順著陸地尋覓

catching the swirling wind the sailor sees the rim of the
land

抓住氣旋的風，水手見到陸地的邊緣

the eagles dancing wings create as weather spins out of
hand

當天氣轉出手心，老鷹舞動的翅膀創造著

go closer hold the land feel partly no more than grains
of sand

靠近些，抓住土地，畢竟不比沙粒可靠多少

we stand to lose all time a thousand answers by in our
hand

我們站立靜待，就只有失去一切時間，儘管手上握
著千百個答案

next to your deeper fears we stand surrounded by a
million years

緊鄰著更深的恐懼，我們站著，被百萬年包圍

I'll be the roundabout

我就是那圓環

the words will make you out'n'out

字詞會把你弄得團團轉

　　Jon Anderson多年後談到這首曲子的創作過程時說，當時他們正在蘇格蘭巡迴演唱，他們一路上經過非常多個圓環（roundabout），又經過一個風大的山谷，公路陡上，因此「山巒從天際現身，聳立遠方」；經過格拉斯哥附近的湖邊道路，因此「開進湖區，繞湖而行」；他知道這條路還要再開24小時才會到家，因此「再24小時就見到你了，我的愛」。對這首歌曲（包括歌詞）的愛好者而言，這些解釋不免顯得貧瘠無力。如果創作時想說的就是這些，又何必花這麼多力氣寫下這些「把你弄得團團轉」的字詞呢？即使我們知道，寫流行音樂歌詞時難免為了押韻或旋律的理由使用某個字，不見得是為了表達什麼精確的意義。但在許多同音或類似音的字詞當中，選擇了某個字詞，也許並非全然沒有無意識的意義；這點，佛洛依德在《夢的解析》、《日常生活的精神病理學》或《機智妙語及其與無意識的關係》這些書當中已經舉了不少例子。我有時不免這樣想：如果把歌曲創作當成是一場夢境，那麼也許創作者回憶的過程，可以視之為夢的「日間殘餘」？而如果要了解歌曲，尤其是嚴肅創作的歌曲，如果要更進一步了解這些創作成品的無意識之根，是否應該像對夢的處理一樣，對其中的各元素進行自由聯想？

　　圓環，是兩條或更多道路相交會時，讓車流安全行

進用的，和紅綠燈不同，開車碰到圓環不必完全停下來，只需減速，因此對行進間車輛來說，能量的轉換比較友善。車流只有一個方向，對其他車輛或行人來說，來車容易注意，因此相對安全。「I'll be the roundabout」 我將抵達圓環，是否也有「我就是圓環」的意思呢？接下來是「the words will make you out'n'out」，我猜想這裡或許有「駛出圓環」的意思？但很難理解這跟字詞有什麼關係。第一眼把這句話理解為「字詞把你弄得團團轉」，或許這樣的理解只是反映自己面對歌詞的無意識：我被（歌的）字詞弄得團團轉。在知道Jon Anderson對歌詞創作的解釋後（蘇格蘭山區的開車經驗），對於歌詞在寫什麼好像多一些概念，但困惑仍在。

間奏時加入的和聲，部分歌詞引起我的注意：「尋覓陸地的老鷹與飄浮的雲，見到陸地邊緣的水手與氣旋的風」，然後有一句「hold the land……no more than grains of sand」看到這裡時 ，我腦中靈光一閃，好像懂了些什麼——這首歌在談的是「移動」、在談「往何處去」、或者「要回到何處」。老鷹與水手到遠方去，他們尋找陸地，想要回家；但抓著陸地並不比抓住沙粒可靠，這是探險者、遠征者永恆的兩難。「Yes」樂團算是音樂上的探險者，當他們巡迴演唱時，當然有「回家」的問題；至於對未來，他們也的確有「往何處去」的問

題。在決定製作《Fragile》專輯前幾個月，他們才剛開除了第一代鍵盤手Tony Kaye，而另找了Rick Wakeman，理由就是Tony Kaye對於學習新型態的鍵盤樂器沒有興趣，因而與樂團拓展音色的目標相悖。《Fragile》這張專輯的命名，也反映了成員或隱微或明晰的認識：在探險的路上沒有安定，連樂團本身都是脆弱的，隨時可能天旋地轉，隨時要決定往何處去或決定要回到何處，就像開車碰到圓環一樣。

「鋒利—距離」的救贖（Heart of the Sunrise／《Fragile》, 1971）

（參考影片：Youtube請搜尋 "Yes-Heart of the Sunrise"，網址：https://youtu.be/p9yW-3vFxA0 ）

　　這首曲子與〈Roundabout〉同樣在專輯《Fragile》中，如果說〈Roundabout〉以其容易親近而被選為專輯第一首暨主打歌，專輯最後的這首曲長超過十分鐘的〈Heart of the Sunrise〉則充滿了實驗性質，團員施展渾身解數，彷彿是眾人才華的濃縮小宇宙；Chris Squire甚至形容為「有點像交響樂」。在首次聆聽勢必覺得有點漫長（約三分半鐘）的前奏中，鍵盤時而奏出詭異的和聲，鼓聲逼人的節奏配合吉他上行與下行反覆來來回回的旋律，

堆疊出某種緊張感；之後，如緩慢潮水般一波波湧來的電吉他，帶出Jon Anderson的溫柔歌聲，唱的卻是同樣有些曖昧詭異的歌詞：

Love comes to you and you follow
愛來找你，你跟隨
Lose one on to the Heart of the Sunrise
丟失了愛，失給日昇之心
SHARP ── DISTANCE
鋒利─距離
How can the wind with its arms all around me
風怎能用他的手臂緊緊繞著我
Lost on a wave and then after
在浪潮中迷失，接著，然後
Dream on on to the Heart to the Sunrise
繼續夢著，直到日昇之心
SHARP ── DISTANCE
鋒利─距離
How can the wind with so many around me
風怎能用這麼多繞著我
Lost in the city
在城市中迷失

雖然與〈Owner of A Lonely Heart〉同樣講「孤獨」，這首歌的風格卻截然不同。love、lose、wind、wave、sharp、distance、so many around me......，組合起來的文字沙拉不太是具有明確意義的句子段落，毋寧是藉由多種「符徵」（signifier）的堆疊，創造模糊的氛圍......。這麼多詞彙，好像想要講什麼，好像指向某種意義，卻不太確定那意義是什麼。這段的最後我們看到「lost in the city」，經由一定程度的「腦補」，也許我們會達到尚有存疑的恍然大悟──難道這首歌在談的是某種城市生活的經驗？城市提供了這麼多元素，熱鬧、令人目眩，生活於其中卻需要相當掙扎，才能發現這些元素跟自己的關係是什麼，隨時都在迷失的邊緣。難怪歌詞創作者Jon Anderson日後在談到〈Heart of the Sunrise〉時說：「我每次唱這首歌時，總是想到在大城市裡那些孤獨而迷惘的人們，他們為了這城市而工作，卻無法讓這個城市為他們工作。」讓城市為他們工作，這是個有趣的觀點。老一輩的人總是訓誡我們，要努力工作，要勤儉儲蓄，但掙得的金錢對我們的意義是什麼呢？我們努力工作賺到了錢，但能讓這些錢為我們工作嗎？也許，買美食、買精品、買好車子、買好房子，努力消費；或者不消費，把錢全部存起來，寄回老家供養父母家人──回過頭來質問的是，自己的欲望──這，是我想要的嗎？如果城市裡的這些與我們的關係破碎或疏遠，也許「鋒利─距

離」是頗爲貼切的形容。歌名〈Heart of the Sunrise〉讓
人有些摸不著頭緒，sunrise是指城市裡的sunrise？還是每
個人生命之始、第一天見到太陽的sunrise？或許不管哪
種sunrise，總是給人無窮希望，有無限多的可能性。作
爲精神分析工作者，我不得不想到每個治療、每個分析
的初始：難道不都是由「Heart of the Sunrise」所推動？
難道不都是因爲「Love comes to you, and you follow」而
開始？曾幾何時，我們在治療中丟失了日昇之心，只感
覺到鋒利—距離；有時溫暖的太陽不再，而只有冷冽的
北風。挫折中，人面獅身獸質問著我們，自己要的到底
是什麼？

　　回到歌曲本身。在最後，Anderson的歌聲結束後，
序奏的緊湊鼓聲又再度出現，幾段接續的吉他上行琶音
讓音域愈來愈高，霎時嘎然而止。樂曲進行當中突然有
超過五秒的完全休止，頗不尋常，然後（10分42秒）是
「開門的聲音」？！一個人喊了「Yes!」，有兩三個人
的和聲不斷催促似地唱著「to look around」，另一個聲
音堅定地說「He is here」，以上三個聲部以重唱的形
式，彼此巧妙的切分音、時間差輪序介入，不斷重複；
第四個聲部則在背景緩慢地、一個音節一個音節唱出
「We—have—hea—ven」，像背景般與前三個聲部應和

著。這應該是以混音的方式錄製而成的段落，實際上與這張專輯的第三首歌〈We Have Heaven〉相互呼應（有著幾乎相同的音樂元素）。不過在專輯前面出現的「We Have Heaven」中，樂曲的進行方向更像是面臨恐怖與死亡（尤其這首短至兩分多鐘的樂曲後面緊接著的，是描繪暴風雪與像是南極山難的長曲〈South Side of the Sky〉），以及神（？）的離去（在『We Have Heaven』的最後，是好似門關上的『碰』一聲，然後是漸行漸遠的腳步聲）。但在整張專輯即將結束之際，卻讓原本有點詭異、有點疏離的〈Heart of the Sunrise〉呈現某種靈性的愉悅，好像突然又與天堂、與神有了連結，「看看四周」、「他就在這裡」、「我們擁有天堂」，這強烈的宗教意味，難道不是「Yes」想傳遞的救贖福音？

我起，我落（Close to the Edge/《Close to the Edge》,1972）
（參考影片：Youtube請搜尋"Yes - Close To The Edge"，網址：https://youtu.be/51oPKLSuyQY）

　　《Close to the Edge》這張專輯或許是「Yes」在「概念專輯」上更往前一步的作品，甚至有人譽之為「或許是有史以來最優秀的前衛搖滾專輯」。整張專輯即使只有三首歌，仍然擁有神奇的音樂張力；與專輯同名的

〈Close to the Edge〉將近十九分鐘，佔了專輯將近一半的時間，即使最短的曲子〈Siberian Khatru〉也有八分多鐘。

同名單曲〈Close to the Edge〉（接近邊緣），是從赫曼赫塞的小說《悉達求道記》得到的靈感。Jon Anderson說：「接近邊緣，就是尋求自我的實現......要談宗教總是很敏感的。」「〈Close to the Edge〉曲子的很多部分，事實上與我對一個人現實之外的人生旅程的各種想法有關。」

曲子一開始，從幾乎完全的靜默中（第一次聽一定會以為音響故障了），大自然的各種聲音，蟲鳴、鳥叫、風聲、流水聲逐漸由小而大，然後一連串突兀不和諧的和弦音符忽然憑空落下，進入激烈與狂亂的漫長前奏；四分多鐘後才開始演唱。歌曲分四部分（像交響樂的四個樂章？），創作者分別給了標題：

● 堅若磐石時光流逝（The solid time of change）

● 整體質量不滅（Total mass retain）

● 我起，我落（I get up, I get down）

● 人的四季（Seasons of man）

長達超過十八分鐘的曲子內容太豐富，很難詳細介

紹，只能大略談談聆聽印象。即使反覆聽了多次之後，歌詞仍狀似散亂毫無章法（很多樂評家說是『意識流』的寫詞法），又好像帶著詩意（有多少時候我們用『詩意』來形容自己看不懂的文字？），例如下面這個在曲子中多處反覆的段落（以下不附翻譯）：

Down at the edge, close by a river

Close to the edge, round by the corner

Close to the end, down by the corner

Down at the edge, round by the river

就好像down、close、round、edge、river、corner這幾個字輪流出現，給人一種神秘的感覺，若用中文的經驗來形容，有點像我們在講「見山是山」、「見山不是山」、「見山又是山」之類個人內在修行的變化經驗。接下來是：

Seasons will pass you by

I get up, I get down

　　於是我們知道，這首歌確實是在講人生。曲子的第一部份與第二部份基本上在樂思與風格的面向都是延續的，但在第二部份的最後，鍵盤樂器的間奏用幾種不同的音色，以幾條旋律線穿插應和，突然導入另一個不同的氛圍（換成類似教堂管風琴的音色），進入曲子中辨識度最高的第三部分，一些類似迴音的聲音處理讓氣氛變得肅穆。接下來的合唱由Anderson唱主聲部，Squire與Howe唱和聲部，這段最讓人覺得溫柔，頗有撫慰效果。歌聲結束於幾次合唱「I get up，I get down」，一次比一次高亢，接著是Wakeman的管風琴演奏，據說是在倫敦教堂進行的錄音，製造Anderson所說的「美麗的能量之海」這樣的效果。莊嚴的管風琴大調旋律最後轉為小調，急切的鼓聲與吉他加入又再度改變了樂曲的氣氛，Wakeman這時手指下也變成電子琴的快速音階，樂曲又回到開頭一二部分的節奏，這時進入了第四部份。

　　第四部份「人的四季」，最後的歌詞是這樣的：

On the hill we viewed the silence of the valley
在山丘上我們看著峽谷的靜謐
Called to witness cycles only of the past
呼喚著見證只在過去的輪迴

And we reach all this with movements

我們達到這一切，藉由

in between the said remark

間雜於說過那些話之間的行動

Close to the edge, down by the river

靠近了邊緣，沈落河裡

Down at the end, round by the corner,

走到盡頭，峰迴路轉

Seasons will pass you by

四季會從你身旁經過

Now that it's all said and done

既然一切都說也都做了

called to the seed, right to the sun

內心的種子已呼喚，向著太陽

Now that you find, now that you're whole

既然你已尋得，既然你已完滿

Seasons will pass you by

四季會從你身旁經過

I get up, I get down.

我起，我落。

I get up, I get down.

我起，我落。

最後，又回歸到樂曲一開頭蟲鳴鳥叫的大自然聲音，一切復歸於寂靜。

這是首會讓人沉吟許久的歌，比起前面幾首，更是讓人感覺到好像有很多可以講，但真的要講的時候卻沒辦法確實表達出來。推薦大家好好聽，而且多聽幾次。除了錄音室版本以外，大家也可以找另一個現場版本比較看看（可在Youtube搜尋『Yes - Close To The Edge Live 1975 (HD) - A Celebration 2DVD set』，網址：https://youtu.be/Ne317y_eOYs），裡面有一段Steve Howe精彩的吉他獨奏是錄音室版本裡所沒有的。

在介紹完前面五首「Yes」的樂曲之後，結束之前還有一些想說的。

在音樂面前，我們總是獨自一人。即使和他人同一時間地點聆聽，那種心中的（幾近物理性的）撼動、共振等這種內在過程也不會相同，一如我們所說的「同床異夢」。可為何我們有時又會有種衝動，想跟別人談音樂在心中的撼動、共振呢？村上春樹曾藉由小說主人翁之口談到這樣的衝動：「......剛開始的時候，那

音樂在我的耳朵裡聽起來，覺得好像很誇大、
很技巧性的，說起來有點漫無邊際似的音樂。
不過聽了很多遍之後，覺得好像模糊的映像逐
漸具體成形起來，那音樂在我的意識之中慢慢
開始變得井然有序。閉上眼睛安靜集中意識時，
在那音樂的聲響之中，可以看見幾個漩渦正在
形成。一個漩渦形成之後，又從那個漩渦中產
生另外一個漩渦。而那個漩渦又和另外一個漩
渦相連接......我很想把那樣的漩渦的存在，設法
傳達（出去）......可是那卻不屬於以日常所用
的語言所能向別人說明的那類東西。若要正確
表現它，則需要用別種不一樣的語言，只是那
時候的我還不知道那樣的語言。而且我也不知
道我所感覺到的那種事情，是不是具有值得開
口向別人傳達的價值。1」

　　當我們心中有「是否具有值得開口向別人
傳達的價值」這類懷疑時，多少是在兩種述說
模式中猶豫：有一種述說，我們幾乎只為那種
想分享的欲望推動而說；另一種，我們只說那
些能說的，而對於那些無法說的部分緘默不
語....這篇文章多少是呈現我在這兩種述說之間

---

1. 《國境之南，太陽之西》，村上春樹著，賴明珠譯，時報文化，初版，1993，
頁15-16

的猶豫、在這兩股力量的相互爭鬥後，所妥協
的結果。音樂或許永遠都有一些無法簡化、無
法以語言表達的核心部分，「臍」。也許，就
像一種語言的詩，總是有某些難以翻譯爲另一
種語言的部分？

如果說音樂的「聆聽」與「語言」之間永
遠有這樣的鴻溝，那麼精神分析中的聆聽，是
否也是如此？剛開始「聽」的時候，模糊、漫
無邊際、沒有形狀，但逐漸變得井然有序，但
又不像是排列整齊的文具或一塵不染的家具那
種井然有序，而是一種像漩渦、不斷流動的秩
序：要傳遞這種像漩渦不斷流動的秩序，必須
用另一種不同於日常生活的語言；而我們不曾
停止懷疑，向別人傳達這些體會到底有無價值。
音樂如此，精神分析中的聆聽如此，本文的主
角：Yes樂團的這些音樂，乃至本文想在兩者
之間尋找關係的意圖，亦不例外。難道，這篇
文章只是我在尋找這兩種聆聽對個人的意義嗎？
也許蒙田對讀者的警告在此也適用：「我的書
寫……絲毫沒考慮要對你有用。……你們不應該
把閒暇時間浪費在這毫無價值的東西上頭。2」

---

2. 見蒙田《隨筆集》的「致讀者」

可惜的是，就像很多人生經驗一樣，當我們發現是浪費時間時，已經太晚了。

想跟大家分享的衝動帶領我到這個地方。其他無法說的部分，我也只好緘默不語。

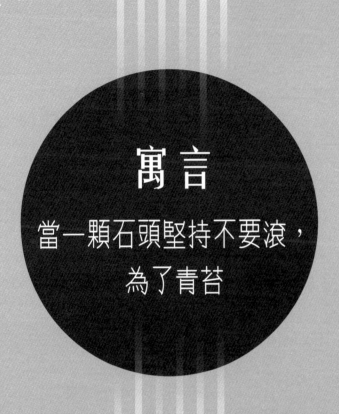

寓言

當一顆石頭堅持不要滾，
為了青苔

作者｜蔡榮裕

精神科醫師

松德院區思想起心理治療中心資深心理治療督導

臺灣精神分析學會名譽理事長兼執行委員會委員

臺灣精神分析學會推廣和運用委員會主委

如何把搖滾樂和精神分析串起來呢？不是搖滾樂，也不是精神分析，而是我的記憶，它們和我相遇後至今殘餘的記憶。我要談的是相遇。人和人，人和事物的相遇，以及後來所發生的事。

這一切思索的印記是，此刻腳下所站的地方就是最想要的所在。就從這個假設開始想像。

由於這是系列演講的一部分，在事先的討論裡，我知道單瑜醫師會先談巴布狄倫（Bob Dylan）的一些事，就讓我更放心以他的故事和想法為基礎，而直接跳進我的主題。對我來說，搖滾樂當然不只是狄倫，也有李奧納柯罕（Leonard Cohen）、披頭四、U2等，但是我就以狄倫作為代表。不過，在我的心中，他作為我以下所談搖滾樂的代表，是完全符合我的心意的。

對於這個主題，我選擇從記憶出發。

如果說當年對於搖滾樂和偶像的崇拜，是把自己和

其他人放在一體感裡，其實更像是把自己先擺在一旁，甚至是自願地放棄自己和犧牲自己。

尤其「滾石不生苔」是一句被深深接受並充滿感動的話語，好像是一句神論，或者暗暗拋棄佛洛伊德的指示：「不要判斷」，直接說出浮現於自己腦海裡的話語。我們跟著別人的節奏往前走踏，同時唱著令自己感動萬分的歌，如同親眼看見遙遠國度裡，槍口裡的玫瑰花。

不過，只要還記得回頭，就會發現曾經爲了和他人合爲一群，而在理想裡委屈著自己。雖然我回頭看時，如果沒有那些委屈和犧牲，可能更是一無所有的蒼白。直到看見了青苔，才確定那顆石頭依然存在著自己。

而，做自己，卻從這個看見，才眞正開始。

記憶涉及時間的演變，而滾石上的青苔，就成了很有代表性的象徵。我的片斷零散的記憶裡，依稀藏著難以理解的疑惑，搖滾樂和精神分析，怎麼會在這時候被拉在一起，爲的卻是談論它們的以前。溫尼科特說，沒有嬰兒這件事，有的是嬰兒與母親。雖然帶著猶豫，我倒想說，沒有搖滾樂這件事，有的是搖滾樂與精神分析。但這也許只適用於我個人，因此搖滾樂就變成很私密的事了。

我這篇文章的基礎是我個人的經驗，是指從進大學參加阿米巴詩社，一群人開始聽搖滾樂、看電影、讀詩和小說以及閱讀佛洛伊德。到現在，搖滾樂仍是生活裡的一部分，只是不再如以前，專心聽一首歌不做其它事，而是只要有空就是讓音樂，大都是搖滾樂和爵士樂，作爲閱讀和書寫時的背景。

而且是重複再重複，聽著當年熟悉的歌，三十年來改變不大；我以狄倫爲代表，幾乎不再有醫學院七年畢業後新增的搖滾樂名單。這是停留「固著」在以前，或是「退化」回以前或是前進未來？

這個現象很有個人意義，但是當我加進「固著」和「退化」的語詞時，就有擴散個人意義的企圖。是我這篇文章想要思索的現象，但我不是以回到個人生命史更早期的方式，那是一般人想像的自傳式的，我在這裡要引用的是，佛洛伊德在《夢的解析》的模式。

那可能是比生命史還更接近心理眞實，我在這篇文章採用這種方式，但不是談我的夢，而是我的某些島狀般記憶裡，搖滾樂和精神分析的經驗和想法。

我相信這些描述，一如夢的顯夢內容那般，只是內在世界的象徵，而不是故事的全部。

喔，你去過什麼地方呢，我藍眼睛的孩子？
喔，你去過什麼地方呢，我親愛的少年囝仔？
我路過十二座迷漫著霧氣的高山……

(Bob Dylan, A Hard Rain's A-Gonna Fall, 1962，蔡榮裕譯)

　　吉他放在骨盤前，用手指撥弄著，加上搖擺著屁股，大腿不時張開閉合。是發生了什麼事呢？

　　喜歡搖滾樂是年輕人的事？到了中年，還喜歡搖滾樂，尤其是巴布狄倫的音樂，是另一件事了。精神分析家溫尼科特（Winnicott）的論點，夢連結前一天的自己和今天的自己。而人沈浸過搖滾樂後會改變，如精神分析家比昂所說的transformation（蛻變），事後仍可以看見以前的自己嗎？

　　或者另一個問題，人有需要想到以前的自己？這是為了什麼呢？而每天都會出現的搖滾樂，成了巧妙地連結前一天和後一天的聲音和旋律。湊巧地，精神分析也是一天接著一天，只是它有週末作為逗點，像音樂的停頓和空白，累積前後的氣氛。

　　還有，在搖滾樂裡，我們要了解的是荒誕，還是正

義呢？

嘿！鈴鼓老兄，為我唱首歌吧，
我不想睡而且哪兒都不想去。
嘿！鈴鼓老兄，為我唱首歌吧，
在這個叮噹響的清晨，我將跟著你……

（Bob Dylan, Mr. Tambourine Man, 1965，蔡榮裕譯）

其實，每聽一首當年的搖滾樂，尤其是巴布狄倫的歌，都是一場暴風雨，心理的風風雨雨，尤其當年政治戒嚴體制下的歌，所謂唱自己的歌也是暴風雨將來。

戒嚴已經解除，搖滾樂在我心中的背景是改變了，這是後來才清楚知道，過程卻是不知不覺。除非我寫篇小說再現當年的景緻，雖然我對於能否「再現」當年是心存懷疑的。不過，總還有值得捕捉的心情和經驗，可以貼近這場新風景，搖滾樂和精神分析。雖然在我心中，這兩者，早就被時代的謬誤，以及一群醫學相關學生理當要好好讀書卻是一副無所事事的脫軌，而拼湊在一起了。

　　這些暴風雨在政治上的感受減少了，我是相信現在所站的地方就是自己想要的所在。現在坐在這裡，談論搖滾樂和精神分析，這是幸運，也是堅持。畢竟一群人走到現在，當年思想是虛華，超過說出來時能夠負荷的。經過無情時間的傾軋，是不需要找理由，替自己解釋何以是目前的模樣；目前的樣子就是過去式總結起來的一切。

　　那麼，現在聽搖滾樂，還算是在聽所謂搖滾樂嗎？搖滾樂的定義也許語彙不變，但是背景不同了，一如三十年前的夢和愛，放了三十年後，是否滋味改變了？或者只是一種無謂卻必要的生活消費？反正只要在電腦或手機上，打開Youtube，可以聽得耳朵很飽很飽而且沒有違和感呢！

　　值得想像的是，何以需要有搖滾樂作為背景？這種背景有聯繫的意味，好像從前到現在都是這樣子。這是什麼意思呢？何以需要這種連續感呢？也許別人也有類似的需求，只是內容有所不同，我也不排除這也許有「戀物」的意味。

　　精神分析對於戀物是有一套想像的，它的背景是再確認曾經擁有卻被剝奪了的東西，但又同時否認曾經遺失了被剝奪的東西，只要繼續窺看代替物並且持續有興

奮，那麼，就沒有重要的東西遺失過，或者甚至不曾害怕它們會被取走。

喔，你去過什麼地方呢，我藍眼睛的孩子？
喔，你去過什麼地方呢，我親愛的少年囝仔？
我路過十二座迷漫著霧氣的高山，
我走過也爬過六條彎曲的公路，
我踏過七座哀傷森林的中心......

（A Hard Rain's A-Gonna Fall, 1962）

我要告訴各位，當時不只是目前這種模樣，但是以前該是什麼樣子呢？我卻無法理所當然，認為滾石不生苔，因為現在的圖像是，一顆石頭，長滿了安靜的青苔。背景裡，依然是當年的搖滾樂。

這是這篇文章的主要圖像。

當我們坐在這裡，一切從現狀談起。現在，石頭上，已經長滿了青苔，表示它被放在陰涼的地方。青苔作為證據，時間是很久很久以前。搖滾樂的播放是在做其它事時，例如，閱讀小說、詩、精神分析時的背景音樂，就像電影對音樂的處理方式叫做「配樂」。嗯，必須正

視這點，也就是它的重要性一直沒有消失過，卻不再是某個時刻只專注坐著聽搖滾樂這件事，但是這樣子卻不表示它比較不重要。

　　就像問石頭上的青苔，它的價值是什麼？就從這樣的場景開始吧，有些交會是這樣發揮著影響力。

　　我透過時間的波濤細縫，看見了披頭四在1964年8月和巴布狄倫相見後的改變。這種改變是相互的，「根據參與這場著名會面的記者Al Aronwitz所言，披頭四後來的歌詞就變得較具膽氣。而狄倫得到的交換物呢？當然就是使用插電樂器。伴隨著大麻，披頭四也吸納了狄倫作品的深度與角色性格。約翰藍儂說：『我不再以客觀角色書寫，而改為主觀，把自己放進歌裡。』滾石一開始便走純粹藍調路線，羅勃強森之類的藍調人是他們音樂創作的模範，披頭四與狄倫卻逐漸變成他們挑戰的目標。狄倫隻手讓搖滾的創意攤在世人面前，也擴大了搖滾的視野。搖滾樂手發現民歌裡有比傳統愛情歌曲更多的創作素材。他們開始書寫自己執迷的事物，而非『投聽眾所好』。」（Ruth Padel，搖滾神話學：性、神祇、搖滾樂，頁341，2006，商周出版）

　　我要談談我從搖滾樂得到了什麼？雖然無法給它什麼回饋。

雖然我知道黑夜帝國已經埋進沙堆中，

從我的手裡消逝，

拋下我茫然站在這裡卻仍無睡意

我的疲累讓我驚愕不已，我被自己的腳框住了

我無意和任何人相遇，

古老無人的街上死寂得無法激發什麼夢想。

（Mr. Tambourine Man, 1965）

對於今天在這裡交會，再說一個擴大版的宣言。

這是怎麼回事呢？這種象徵有多貼近內心的真實呢？或者只是風中飄泊的象徵，無意在心理真實裡下錨，找到著落的感受呢？

確定的是人們開始站起來了，還要搖擺肢體，來回應被音樂撞擊後內心的澎湃。人類進化的方式是由人自己決定，從爬行演變到站起來。至於從古典演奏坐著安靜聆聽，到搖滾樂讓聽眾站起來，這是人在演變上的進化嗎？

一把吉他插上電後，聲音變得可以傳得很遙遠，也

更有震撼，傳到心頭上讓聽眾的心情跟著蹦跳了起來，電吉他很自然地催出了早就存在的某些釋放感。還有，吉他要放在骨盤前，用手指撥弄著聲音，加上搖擺著屁股，大腿不時地張開閉合起來。這是發生了什麼事呢？

回想百年前的歇斯底里個案，全身痙攣，乍看起來是讓大家無法馬上直說，怎麼像秘密的某些動作呢？是最高的興奮，卻是變成帶有悲慘意味，是這樣子嗎？這是污名化，或是意圖想要看見人的心理真實呢？後來也被期待，可以好好坐下來或是躺下來說話，而不是被期待在公開場合的痙攣。很無奈，但也只能事後才知，那不是以禁制命令就可以改變的，甚至反而和強烈的禁制命令存在有些關聯。

弱勢的聲音總是隨時要找出口吶喊，搖滾樂曾經有過這種階段。

這裡影射卻又明白說出的是，戒嚴令的禁制並沒有讓人完全被禁制。雖然也付出了另一種代價，意識上的禁令被解除了，但是依然有說不到位的情節，會被某些情境再度觸發出來，讓我們有機會再度觀摩，禁令的隱微卻依然宏偉。

關於我把搖滾樂，當作安靜閱讀和書寫時的配樂，

它會跑出來報復我忽視它嗎？或者它相信自己是隱微而依然宏偉？雖然它當年是站在戒嚴令的對立面，搖擺和扭動。

畢竟，喜歡搖滾樂是年輕人的事，到了中年，還喜歡搖滾樂已經是另一件事了。或者可能是當年之外的另一種「事件」？而且是未被好好觀察和想像的事件，它一直存在著，但我們走過的人卻一直誤以為還在當年，這是否是種誤解，美麗的誤解？

一八八九年，愛爾蘭詩人葉慈，二十三歲，在異鄉倫敦認識茉德岡（Maud Gonne），初見面就驚為天人。他在《回憶錄》（Memoir）寫道：「我從沒想過會在一個活生生女子身上，看到這般的美麗，屬於名畫的美，屬於詩篇，也屬於古老傳說。」葉慈後來描述茉德岡，並沒有減損當年的震撼，身體是有拘泥，心中卻是跳出了比搖滾樂更搖擺的身體。我說的對於中年人和搖滾樂是美麗的誤解，並不減損它的價值。但它是什麼呢？

精神分析家溫尼科特的論點，夢是連結前一天的自己和今天的自己的方式，人經過搖滾樂會有所蛻變或潛移默化嗎？如精神分析家比昂所說的transformation（蛻變）？這種蛻變是讓人和以前更有關聯或者是切割呢？

在搖滾樂裡，我們要了解的是荒誕，還是正義呢？
以個人經驗來說，搖滾樂如同夢，是連結以前和現在的
方式，我重複聽著以前熟悉的音樂，就像小孩子看見相
同視覺片段或是相同故事，要一聽再聽，一看再看，這
是什麼意義？是增加新的知識，或是人總需要有一些東
西，讓自己可以連結到以前。這是什麼樣的需求呢？是
什麼欲望？是一種連結（linking），也是性和生的力量
（sexuality），讓自己回到過去？何以需要歷史呢？回到
歷史是什麼意思呢？

　　我路過十二座迷漫著霧氣的高山，
　　我走過也爬過六條彎曲的公路，
　　我踏過七座哀傷森林的中心，
　　我曾面對著一打死去的海洋，
　　我曾深入墓穴的嘴巴裡一萬哩，
　　而一場大雨，一場大雨，一場大雨，一場大雨
　　一場大雨即將落下。

（A Hard Rain's A-Gonna Fall, 1962）

我們和什麼遭遇

十九世紀七零年代的尾端，藉著阿米巴詩社，我和搖滾樂相遇了。不是歷史事件的回顧，而是一則寓言，持續還在譜寫的故事。當時發生太多的事，每件微小的討論和聆聽搖滾樂，在此刻都因為記憶的變化，而幻化成一種新的衝擊，是對現在和此刻起的未來的衝擊。（後記：經精神分析工作坊的主持人許欣偉訂正，應是「二十世紀」七零年代的尾端。不過有趣的是，筆誤是十九世紀，那個世紀末正是佛洛伊德開啟精神分析的年代）

不是純然的回想，當年的衝擊如何影響到現在？一群人以寫詩和讀詩為地域，但是電影、小說、搖滾樂和喝酒，卻成為在一起時的大部分往事。我說是往事，是因為它們真的都過去了，就算懷著鄉愁想要捕捉什麼，都被記憶裡浮出的一層薄霧給美化了。這種景象反而更貼近當年的感受吧？我們在一起想著未來要做什麼，可以談很多很多的夢想，所謂夢想都不是當時需要做的，因為只想著眼前的事可能意味著缺乏對未來的想像。因此任何夢想，都是需要遙遠，愈遙遠愈會是某種夢想。

對於我來說是對當年的懷念嗎？

「懷念」裡有什麼心理學，或者可以宣稱有潛意識

的心理學，然後來這裡討論嗎？

　　就算可能沒有，我還是得在這種現實裡，建構和想像出來，其中勢必有什麼稀奇的地方？不然我不會這樣子，但不是要各位學我這麼做，沒有人學得來關於我和搖滾樂的關係。若這樣，我何以在這裡談論別人難以運用的說法呢？我是確定坐在這裡談了，我勢必得找出一些可以談論的領域，讓大家有個平台來想像這件事。

　　畢竟，外顯的已經安靜下來了，原本站著聽而搖動身體的石頭，後來逐漸有青苔上身了。精神分析也慢下來，適合安靜地觀察，就算說話不再是大喊大叫的愉悅，而是個案說話背景裡的聲音。包括搖滾樂和精神分析，這是有意識加工的背景，一如詩人或者畫家，替自己的人生背景放進了具體卻隱匿的畫面。

　　那麼，人或者石頭要做什麼才是人的現在和未來呢？

　　嘿！鈴鼓老兄，為我唱首歌吧，
　　我不想睡而且哪兒都不想去。
　　嘿！鈴鼓老兄，為我唱首歌吧，
　　在這個叮噹響的清晨，我將跟著你。
　　帶我旅行登上你神奇渦漩的船，
　　我的感官被剝奪了，雙手無法感受掌握，

腳趾麻木無法行走，只能等待鞋跟
任它們四處遊蕩。
我出發走向任何角落，準備要消失在
自己的隊伍裡，沿路布施你舞曲般的咒語，
我願臣服在它之下。

（Mr. Tambourine Man, 1965）

我和搖滾樂的相遇

　　這一切都是現在說的話。我無法完全確定，當年的心情和感受，是否被我的回顧所扭曲？我回頭看搖滾樂這件事時，更難以避免可能的扭曲，不是我刻意要如此，只因為它的新奇、衝突和影響，遠遠超過我任何時刻所想得到的。就算我在此刻靜心回想，總有一些波濤湧起，讓我很難看清當年是怎麼回事，以及後來以什麼脈絡走在我的人生裡？我看著它的波濤，看不到水面下，因此每次想要好好看時，就得和視野奮戰，想定眼好好看著波瀾裡的縫細，但仍只能看見片片斷斷的記憶。我只好先硬著頭皮接受這種實況，這種接受離心悅誠服還有長路，因為不知道這些波瀾是不是我這時候打造出來的風波？

　　然而，有些內在聲音是不會屈服的，看看以下這個故事。「納西賽斯死後，回聲仙子也像奧菲斯一樣被謀殺，理由亦同：因爲她只爲了失去的愛哀戚。牧神潘追求回聲仙子，她拒絕；就像酒神信徒撕碎奧菲斯，他讓牧人將她撕成碎片，將回聲仙子的骨骸四散山頭，但是她也像奧菲斯，繼續發聲。兩者都代表聲音的力量自體而足，即使發聲源已死。這是不需要肉體之身的聲音。」（搖滾神話學，頁113。）

搖滾樂像四散的骨骸，被時間之神撕碎？

　　美國的1960年代以叛逆爲名，變成我們在年輕當年的口頭禪，雖然已接近台灣的1980年代，我們晚了近二十年加入了它的餘波盪漾，依然在我們心中想像擴大了搖滾樂的聲音及旋律背後的價值。那時候，「叛逆」這個兩字被體制批判，卻成就了「叛逆」的無上價值。

　　現在，這種價值的背景不見了，卻活出了另一種命運，以我們的版本和有限的選擇而存在。有限的選擇擋不住無限的想像，只要將夢想放在未來，不能在當時眞的實踐，畢竟太多的音樂可以亂聽，但是話還不能亂講，這不是老一輩的叮嚀，也是當時切身的處境。搖滾樂是其中之一，讓我們可以在心中宣稱「叛逆」這件事的存

在。也許在政治的代價方面，這是最便宜的方式，而且充滿了愉快，當時只要風聞某唱片行有不錯且學生價的黑膠唱片，就會搶著去看看，在有限的經費裡做最大的消費，這種消費是叛逆的必要代價。

風聞的「管道」是很神秘的事件，風是如何吹的呢？還沒有網路的時代，吹過政府思想管制的嚴密，還真是人性裡神秘的事件。

喔，你去過什麼地方呢，我藍眼睛的孩子？
喔，你去過什麼地方呢，我親愛的少年囝仔？
我看見一個初生嬰兒被狼群包圍，
我看見一條鑽石造就的公路卻空無一人，
我看見一根漆黑的樹枝流著血，
我看見一個房間站滿了人都拿著滴血的槌子，
我看見一把梯子浸泡在水中，
我看見千百個說話者的舌頭都故障了，
我看見小孩的手中握著槍枝和利劍，
而一場大雨，一場大雨，一場大雨，一場大雨
一場大雨即將落下。

（A Hard Rain's A-Gonna Fall, 1962）

所謂戒嚴是這樣的意思

有一天，陽光的日子，偷偷摸摸地，一群人往訪住在左營的作家葉石濤。他曾是思想犯，被關進牢裡。他說進去後，隔了一段時間，在洗澡時發現自己的雞雞原來還是有再挺起來。這是象徵，不必我多說它的衍生意義，那是需要偷偷地硬挺起來的時代，尤其是思想上的銳利。

戒嚴的背景很重要，不然無法想像，何以外在現實上是追著美國走過的路，「美國的1960年代」被當作是一本書般，我們想要閱讀和想像，這是有音樂的書，搖滾樂。對我來說，是這樣有音樂的書，當初我們是正正經經坐著聽，站著聽，專心地聽它，當作是一種正經的事，雖然心中想著是叛逆。不是多年後的情況，變成只是目前生活的背景音樂，這種正正經經是我們的模樣，因為相對於政治體制的戒嚴，這是不正經的事，只是不被當作需要完全被禁止的事。

那時候閱讀佛洛伊德和《夢的解析》是還沒有想到，就算嚴厲的超我監督著，欲望還是會透過夢，以濃縮和取代的人性技藝表達自己，這是天生的，為了活下去的能力。

　　偷偷硬起來，是一種昇華嗎？是將不自覺的夢改裝成自覺的夢想？不再是硬碰硬了，那麼「叛逆」要擺在什麼位置呢？各位可以推想，生活上硬碰硬是什麼？都有你們自己的故事吧。

是當年說滾石不生苔時，就註定了現在會長滿青苔？

　　坦白說，這時候談搖滾樂，日常生活的一部分，但也有些奇怪的事，我需要對於何以奇怪的感覺，想想是什麼意思？雖然佛洛伊德談過uncanny，一種難以言說卻又覺得驚悚，驚悚什麼呢？怎麼這些感覺有似曾相識的肯定感，卻又可以肯定的說，真的不曾遭遇過。兩種肯定，造就了不太確定內容的驚悚感，也許這是很多人回頭看自己的人生時，會出現的驚訝感吧？雖然常是以時間怎麼過這麼快，讓驚悚感變成是時間的課題，然後就在討論時間和光陰的問題上打轉。

　　怎麼是這樣子，這是自己要的嗎？無論如何，自己就在眼前了，一定還有很多是自己不了解的，尤其日常生活和工作裡重複出現的事。其實，重複只是城堡的外牆，城堡裡還有很多驚悚，有時一場雨後會有它們出來散步的足跡，有時是別人的淚水裡，有時是在唱起一首多年遺忘的歌時，不再只是它的旋律和歌詞的特殊，更

像是夜夢隨手抓到的材料，有濃縮，也取代了某些感受經驗。

嘿！鈴鼓老兄，爲我唱首歌吧，
我不想睡而且哪兒都不想去。
嘿！鈴鼓老兄，爲我唱首歌吧，
在這個叮噹響的清晨，我將跟著你。
雖然你也許聽見笑聲，旋轉聲，搖擺聲不安地待在陽光裡，
並不針對誰，就只是奔波逃亡，
何況除了天空，沒有柵欄擋在眼前。
如果你還聽見韻腳跳躍旋轉的模糊痕跡，
與你的鈴鼓唱和，只是一個穿破衣的小丑跟在身後，
我並不介意，
畢竟只是一抹影子，你看見了他正追捕捉。

（Mr. Tambourine Man, 1965）

關於時間記憶和青苔

滾石不生苔，隨著時間而長出了青苔，我從心中石頭已長滿青苔的時候回顧過去，這種回顧是指什麼呢？

我們的回想是什麼意思，是指發生了什麼？此刻的回顧
會如何影響過去和未來？或者更接近事實的是，每個時
候都有在回顧，而且每次回顧都將後來的了解，再加進
原來的記憶。

也就是，一件有意義的事件，是在往後的任何時刻，
對當年的經驗隨時添加一些材料。例如，當年的某首歌，
後來聽說相關的新訊息後，後來的經驗會被灌注回到當
年的經驗裡。

何以當年是期待滾石不生苔？但是人性的事實或心
理的真實，就算不會生苔的搖滾樂，在心理真實上是一
顆不動如山的石頭，隨著時間在累積青苔。青苔是時間
的印記，不是意識上的拒絕就會改變。那麼，是否就是
年輕時很激進，中晚年則變得保守呢？這是保守的意思
嗎？

當以語言或文字，在事後做任何的追憶時，都是文
明，也都是某種保守。雖然有些文明是需要很激進，但
是當要落實在人的生命裡，日常生活裡，不再只是一直
滾動是否保守就在其中？這種說法意味著，保守不必然
是負面？是在原來一直滾動的激進裡，透過語詞來落實
原本的不安。

　　搖滾樂本身具有革命性般的影響，那就是某種不安而激進的曲調，搭配歌詞是接近那些不安的說詞，但是某些說詞被運用或流行久了，就變成不再那麼有效能的死的名詞了。不動如山上石頭長出的青苔，是這種死的名詞嗎？這會有青苔的時間美感嗎？如果具有美感，就意味著那些已是過去式的字詞，仍有後來的想像和思念不斷地灌溉，被陽光和陰暗共同孕育，而成為有意義的過去，不再是死寂，或只有破壞力的過去。

　　　喔，你去過什麼地方呢，我藍眼睛的孩子？
　　　喔，你去過什麼地方呢，我親愛的少年囝仔？
　　　我聽見雷聲轟隆，咆哮著警語，
　　　聽見波浪怒吼淹沒整個世界，
　　　聽見一百個鼓手掌握著電光，
　　　聽見千百種耳邊低語卻沒人聆聽，
　　　聽見一個人在挨餓，我聽見許多人的笑聲，
　　　聽見一個詩人的歌聲死在溝渠裡，
　　　聽見窄巷裡一個小丑的哭聲，
　　　而一場大雨，一場大雨，一場大雨，一場大雨
　　　一場大雨即將落下。

　　　　　　　　　　　　　（A Hard Rain's A-Gonna Fall, 1962）

我的想法是這樣，如果搖滾樂向我打開大門

其實，它一直是對我打開大門。以前是身處其中，直接在曲調歌詞和表演裡，吸收一些周邊的力量。現在，我再度走回這個曾對我打開大門的搖滾樂，我不再年輕了，我能做什麼，想什麼？我還能再從搖滾樂的聆聽，或者搖滾樂這件事裡吸取什麼呢？

我為什麼需要吸取搖滾樂散發出來的訊息和感受呢？我甚至不相信，我能夠以自己的生存技藝之一的分析治療，來打開搖滾樂的新認識，而只能回頭再度探詢，當年很長的一段時間裡，和搖滾樂的互動是否殘存了什麼片片斷斷的訊息？而我確信那是搖滾樂帶給我，在我成長的過程裡所參與的經驗？

至於這些經驗的想像或回想，我認為更像回頭想像，不全然等同於一般說的，回想。因為我是想要從回頭想像裡，尋找養份，或者了解一些早就是我的養份，只是我一直失禮地忽視它，它卻始終不停地提供我它的素養。

我一定忘記了什麼，漏掉了什麼

提到葉慈見到茉德驚為天人的事，我是漏寫了葉慈

追加說的話：「我的人生災難從此開始了」。見面那一刻起，註定他後半輩子的苦戀與折磨。當年對搖滾樂也是這種感受，雖然搖滾樂不曾拒絕我，但它永遠是遙遠國度的事情。精神分析對我來說，在心理感受上，幾乎走著和搖滾樂相同的路，都是外來美麗的戀人，好像永遠有一種距離。

我更相信，那是我和自己的距離。

比葉慈幸運的是，搖滾樂和精神分析不曾拒絕我，讓我可以依自己的方式，隨著時間變成我日常生活的一部分，甚至是大部分。這是外在現實的時間比例，我知道這是背景，正在浮現的主角是，文字，在地的文字。在我心中和腦海裡打滾多年的文字，搖滾樂作爲背景音樂，和精神分析的臨床作爲背景經驗。

對我來說，還有文學藝術作爲背景，但是以搖滾樂作爲我的音樂代表，因爲書寫時以這些音樂作爲具體背景，而且它是屬於青少年後（我是指包括大學時）的故事。至於台語老歌和日本演歌，都是音樂，有不同的情感元素，是不同的故事，更私密的故事，不在這篇文章裡。台語老歌和日本演歌的音樂經驗，想來唯有如《夢的解析》的書寫方式，才能更接近那些經驗。

　　對於人活著來說，如果活著是第一要務，那麼它們都變成了，無時無刻都存在的背景。但是比葉慈幸運的結果，卻可能無法體會葉慈在〈當你老了〉裡，想念茉德時的心情，除了被我們拒絕的那個自己，才有機會慢慢體會葉慈的心情。

　　　　多少人愛你歡樂青春的時候，
　　　　愛慕你的美貌，假意或真心
　　　　只有一個人愛你老臉上受苦的皺紋
　　　　愛你有朝聖的靈魂。

　　　　　　　　　　　　　（〈當你老了〉，葉慈，1893）

　　（註：茉德是葉慈一生愛戀慕的對象，她是美麗的演員，激進的革命份子，愛爾蘭民族自治運動的領導人之一。在詩中，葉慈可能把茉德岡追求愛爾蘭獨立運動當作是「朝聖」。詩裡行間暗示著歲月有情卻無情，追求她的人只愛美貌，唯有葉慈愛她「朝聖」的靈魂。等到年老，情人就離她而去。唯有他，愛她不渝，就算她已年老。）

　　不同的是，精神分析不會老，雖然人的老去會使它僵化，但是精神分析不會老去，只要有年輕人的衝動，中老年人坐下來，好好想一些事，加起來就足以成就很多事。我還不夠老，因此無法馬上加進老年的什麼，讓精神分析和搖滾樂可以有著驚為天人的美，美的驚悚，雖然初戀總是只在一瞬間。

　　後來，都在回味美的驚悚，曾經有過卻無法說清楚的。

　　　嘿！鈴鼓老兄，為我唱首歌吧，
　　　我不想睡而且哪兒都不想去。
　　　嘿！鈴鼓老兄，為我唱首歌吧，
　　　在這個叮噹響的清晨，我將跟著你。
　　　然後帶我穿透消失在我心靈的煙圈，
　　　順著時光多霧的廢墟，一路越過冰凍的枝葉，
　　　陰森驚恐的樹木，來到多風的沙灘，
　　　遠離瘋狂悲傷的扭曲糾纏……

　　　　　　　　　　　　　　（Mr. Tambourine Man, 1965）

或者當我說中年人喜歡搖滾樂是另一事件了

這句話也適用於精神分析，中年人喜歡精神分析也是另一事件了。除了營生，還有其它的，但是我們真的都沒有被拒絕過嗎？我指的可不是外顯的機構或訓練的事，而是內心裡，我們有多少次拒絕，或有多少次覺得被拒絕呢？這是內心的戲碼，也許如佛洛伊德說的，如同戰爭，不只是個案和治療師之間，更是我們和搖滾樂及精神分析之間。

好吧，我就直說了，這是佛洛伊德說的，人的阻抗啦。阻抗永遠存在，而且是種美麗的阻抗，畢竟美麗總是讓人驚悚，我是說，到了中年仍喜歡精神分析是另一事件，指向內心裡的驚悚。我們是如何和它們發生關係呢？這可以是很sex的，精神分析式的，但是永遠有阻抗，需要再重新觀察和想像。

只因為早就不再和它是初戀了。是初戀後，在心中如何維繫的命題，是初戀後還可以持續呢？我們不必然有茉德拒絕我們，但是美的驚悚成為主詞後，卻常拒絕當受詞的我們，這是阻抗的重要源頭。也許大家想到診療室的實作經驗裡，曾發生且常發生的某些瞬間吧。

蕭伯納說：「愛爾蘭人的心一無所有，除了想像。」

　　我甚至不記得，第一次，跟著朋友們走進「巨星」音樂盒子時，強烈鼓聲如何撞擊著我的皮膚？因此我只能想像，依著皮膚的感受和耳膜的震動，我仍記得桔色的反光，隨著包著紫色玻璃紙所傳達出來的光影。跟門外不同的世界，我甚至不太確定是否就是在高雄七賢路了？我是否需要確定這些事情？有這麼想，但也不覺得有那麼重要，那麼，到底什麼才是重要的記憶和事實呢？

　　開始準備這場演講後，很多的印象就會在某些時候突然冒出來，我無法邀請它們，不知如何邀請。只能說想著這件事，但某些印象的出現，並不在我正想要寫些什麼的時候，它們跑來找我，記憶成島狀般的孤獨。是記憶本身就是孤獨？我起初不全然知道這件事，當記憶是苔蘚植物，我才真的知道，滾石早就不再滾了，為了讓青苔長出來，也讓時間感呈現出來。

　　重複的聆聽，看來不是在滾動，而是一種穩定，在等待石頭上的青苔？閱讀和書寫時的背景，不見得仔細聽，甚至常常忘了它正在播放著，這到底有沒有在聽？可能是某種氛圍裡，搖滾樂對我是湊巧，卻成為此刻的必然，甚至回頭想時，卻更覺得是一種必然，這是什麼樣的必然呢？如何說當年認識一群人是必然呢？也許是

更早就存在的某種經驗，在等待著這種必然，有人會相信這種說法嗎？雖然我不想把這說得像玄學，也不想最後就說信不信由你。

搖滾樂就是材料

就現在來說，是大部分書寫和閱讀時必有的背景。當我要說出口，背景就音樂，是稍稍猶豫了一下，但就算只是瞬間的猶豫，它的意義也不下於搖滾樂長期是背景這件事。這是什麼意思？在說出口的猶豫瞬間，和長期是如此的時間交會裡，另有一層時間的意義。

為什麼我和某些人，包括你們，在二十一世紀，談論美國或英國二十世紀六十年代遺留下來的餘緒呢？嗯，一定有什麼神秘或驚悚的經驗，那是一世代，我們想像中的，當時是不可能看見更多的，有戒嚴的管制，而且可能更奇怪的是，那時代的嬉皮現在可能穿上西服，吞下了當年他們想要打破的制度和威權，成為成功的人。那麼我們到底要怎麼談呢？我無意以是背叛自己的論點，這已經不是有創意的說法了，而是想著人們是如何消化那些複雜的經驗，然後向前走？

不是只替自己找理由的消化過程，是指什麼呢？或

者完全相反的想法，當Bion提出「沒有欲望和沒有記憶」的說法時，認爲那是了解自己和他人的重要技藝，但是它的難以實踐性，正顯示了欲望和記憶的重要性？

喔，你去過什麼地方呢，我藍眼睛的孩子？
喔，你去過什麼地方呢，我親愛的少年囝仔？
我遇見一個孩童靠著一匹死去的小馬，
我遇見一個白人牽著一條黑狗，
我遇見一個年輕女子身軀正在燃燒，
我遇見一個女孩，給我一把彩虹，
我遇見一個男子被愛所傷，
我遇見另一個男子被恨傷害，
而一場大雨，一場大雨，一場大雨，一場大雨
一場大雨即將落下。

（A Hard Rain's A-Gonna Fall, 1962）

什麼時候的記憶和欲望

但是，在叛逆爲先的想法下，將盒子裡的水，倒掉以前的種種限制時，大概很難不連嬰兒也倒掉吧？這是另一個命題，需要再回頭好好想才知道的事。如果設定

此刻腳下站立的地方，就是最想要的所在，那麼就不再是找理由解釋，何以目前不是處在以前意識上的期待，而是好好了解自己的某些堅持，是以何種隱晦和顯明的方式，讓自己變成目前的樣子。

因此，我是假設自己的堅持沒有變的情況，想像如果有改變，是指什麼？那眞的有變嗎？是否只是表面依著現實而做的改變或者只是被當年的現實所遮掩，而現在只是呈現當年的樣子？但這種假設是太困難的課題了，例如戒嚴時代的告密者，讓教官知道我們腦袋裡有什麼想法的人，不過，這仍是很困難的課題，也許已經無解了。我只能堅持著一個可能無效的準則，現在腳下的地方就是最喜歡的所在，不是無奈而是心理眞實的確認。

是什麼樣的經驗，後來會是石頭上長滿青苔的時間美感

這種美感雖是美學，卻是在眞和善上才有機會成長。這種眞是指心理眞實，不是道德式的壓迫，是人和人以及和環境之間能夠有意義的倫理互動。一如電影裡的蒙太奇剪接技藝，不只是鏡頭的交替，而是蘊含著人和環境的互動，也是人和欲望及記憶的互動。

現在過去和未來，其實時時刻刻都相生相長，也相

互制約，雖然任何說話的當刻，都是現在描述著過去，也想像著未來。

　　試著想像，何以最新的東西會被驚嘆？但是具有過去感的古蹟，卻成爲人們一再想去旅遊的地方，我們以現在的眼光看著古蹟，是在看什麼呢？某種如同青苔的時間感，讓回到從前有種美感，雖然這也常是盲目了不少歷史訊息。例如，那些獨裁者所打造的大建築等，或者不是盲目而是隔著時間，讓那種傷痛不是當年直接難以消化，而是透過某些美學的安排，變得是可以消化和想像的悲傷。

　　此刻的我們是在另一種古蹟裡，是現在的古蹟，不再是以前的古蹟，但是它的斑駁卻是有時間的，過去所留下的痕跡。就像個案或我們自己說著往事的時候，往事是古蹟，而我們邊看古蹟邊說話時，同時塗上最現代的故事，讓古蹟活了起來，沒有你們作爲聽眾，這些記憶和欲望只是一道古蹟的牆，默默承受著風雨。

　　　然後帶我穿透消失在我心靈的煙圈，
　　　順著時光多霧的廢墟，一路越過冰凍的枝葉，
　　　陰森驚恐的樹木，來到多風的沙灘，
　　　遠離瘋狂悲傷的扭曲糾纏。

是的，在鑽石般天空下起舞，一隻手自在揮舞
海水剪出的側影，被馬戲團般的細沙包圍著
記憶與命運被波浪深處的力量推動著
讓我忘記今日直到明天吧

（ Mr. Tambourine Man, 1965 ）

如果「叛逆」是當年重要的依據

　　如果搖滾樂在當年是展現「叛逆」的舞台，早期電影裡的叛逆形象則是詹姆斯狄恩主演的《養子不教誰之過》，他也是很快就風靡一時成爲大家的話題。我先來談一件後來發生的事，是公事也是私事：2007年因爲臺灣精神分析學會的公務，我參加了國際精神分析學會在柏林舉行的雙年會，當時買了兩項紀念品，這種選擇就是很私人的事了。一是，在柏林的猶太人屠殺紀念館裡，買了一本很小的書寫電話記錄紙本小冊，現在看來是過時的東西了。另一項是詹姆斯狄恩在這部電影裡的畫像，好像是巧合，卻湊巧地讓精神分析和當年的回憶接合在一起，而且在寫下這些想法前，我並沒有察覺有這種感覺，是此刻談論搖滾樂的話題時才接合在一起。這種後來的聯結，是否跟當年醫學生時代，搖滾樂和精神分析被放在一起談論時的背景，都是戒嚴下的叛逆是一樣的？

雖然當時只覺得，是在做些不一樣的事情，但是不一樣是否就是叛逆呢？這是後來才開始眞的這麼想像。

　　但是，這時候想到的感覺，能夠替以前做些什麼嗎？說當年的搖滾樂和精神分析的背景是叛逆，這是要做什麼呢？是所謂找到原因了嗎？或者只是事後的塡補，一切都無法回到過去了，那麼是爲了未來嗎？

或者替當年不察覺的背景感到哀傷

　　哀傷過去的記憶經驗，是有石頭上的青苔，但是一些個案的創傷，卻無法長出時間美感的青苔，因爲心理眞實裡累積的經驗是死寂，不安和動盪只是在清理死寂感，使得後來的回顧都只是灌漑不安和多疑，是這樣嗎？

　　此刻回顧當年的搖滾樂經驗，仍是有著不安的，好像有很多的素材和經驗，但是不全然是能夠了解的，或者如果說，腳下站立的地方就是最想要抵達的所在，當年是在戒嚴體制底下有職業學生當體系的耳目，但是沒有人知道誰是誰，卻是大家都想要做著自己，而自己是什麼就顯得複雜了。

　　我想著心中的納悶，佛洛伊德在晚年，再度拾起心

中惦念的老話題，如何透過精神分析的過程，推論和建構人的生命早年史。這種野心是宏偉的，不過只要此刻存在移情，這移情就會影響以前的故事，建構成目前的樣子。

仍然只能先重述心中的納悶，何以佛洛伊德在晚年，仍是運用殘存的力氣和鬥志，書寫關於在分析裡建構的想法呢？在發展精神分析的過程，有人交惡而離去，有人一直和他鬥嘴卻一直留著……

喔，你去過什麼地方呢，我藍眼睛的孩子？
喔，你去過什麼地方呢，我親愛的少年囝仔？
我要在大雨來臨前離開，
我要走進最深沈的黑的森林深處，
在那裡有很多人而且雙手都空空的，
在那裡成堆的毒藥丸被撒進水中，
在那裡山谷的家園卻碰上了潮溼骯髒的監獄，
在那裡劊子手的面孔總是妥善地遮掩……

（A Hard Rain's A-Gonna Fall, 1962）

從以前是群體的聆聽，現在是個別的聽

這種變化是很個人化的現象。

從我當年經驗的詩、文學、電影、酒、佛洛伊德和搖滾樂，隨著時間變遷動力的（dynamic）變化，文字書寫突顯精神分析的明顯，而其它的退居背景。例如，文字書寫時，重複的從電腦裡流出的搖滾樂（也有藍調、爵士樂）。

這是史無前例的經驗，也無法是以後的人可以學習的，因此在這場演講或者展演裡，我是某種程度地主要和自己的對話，你們只是被無辜拉進來的聽眾。狄倫當年的歌，將我和朋友們拉進了至今還在消化的人生經驗。因此歌的影響力，除了節奏、旋律和歌詞外，還有一些外在環境的因素。雖然從精神分析來說，大部人的共識是探索內在心理世界。

不過從這些個人經驗裡，我還是從外在環境談起，只是我仍是站在有個內在心理的場域作為舞台。這些後來的人生經驗站上舞台後，和自己的人生玩在一起了。我仍不會說，是醫學生時代的經驗決定我一生走向，但是如果沒有那些經驗卻可能是很遺憾的人生。雖然我們無法知道，如果不是那樣，那麼會是什麼模樣？

目前我從精神分析師溫尼科特對於外在環境的促進，以及心靈上如何扶得住（holding），因此不致掉落而受傷，也親身經驗著這些外在經驗如何和內在心理交纏對話。這是我的幸運。

一個詮釋形成過程的美感經驗

從我個人的搖滾樂經驗談起，如果說是以精神分析為焦點，那是目前的眼光，但是當初是一群人喝酒、文學、詩、藝術、搖滾樂和佛洛伊德一起起家的，後來有些隱身成為背景，有些變成了前景。

台灣的戒嚴時代，我在二十世紀八十年代末進入醫學院，打開眼界，我們喜歡的卻是在巨星熱門音樂屋裡的經驗。阿米巴詩社裡有狄倫的音樂和詞曲，讓我仍覺得深刻被影響，也願意被影響。試想一個人成長的過程裡，都要有自己的獨特性，何以願意接受這種很多人一起談著相同事情的經驗呢？這是一群人要變得一樣，還是要不同呢？只因為有一樣的人比較安全壯膽，而不一樣時可以做自己？我不滿意這個說法。跟什麼一樣以及和什麼不同呢？

嘿！鈴鼓老兄，爲我唱首歌吧，
我不想睡而且哪兒都不想去。
嘿！鈴鼓老兄，爲我唱首歌吧，
在這個叮噹響的清晨，我將跟著你。
然後帶我穿透消失在我心靈的煙圈，
順著時光多霧的廢墟，一路越過冰凍的枝葉，
陰森驚恐的樹木，來到多風的沙灘，
遠離瘋狂悲傷的扭曲糾纏。
是的，在鑽石般天空下起舞，一隻手自在揮舞
海水剪出的側影，被馬戲團般的細沙包圍著
記憶與命運被波浪深處的力量推動著
讓我忘記今日直到明天吧

（Mr. Tambourine Man, 1965）

如果從流行的程度來說總是後浪推前浪

　　因此各位來這裡聽我說的故事，故事本身是歷史事件了，從我自身出發談論當年的歷史事件，關於搖滾樂的歷史？喔，不是這樣的，這將會有愧於我想要做的，各位來這裡看見的標題是，搖滾樂和精神分析，我要如何說要說些什麼，才是符合這個標題，不會讓大家來這裡只聽到其它場合也可以聽到的故事呢？

　　這個想法困擾我至少半年以上了，因爲我們在去年的工作坊後的當天晚上，我們一群人繼續留在精神分析學會討論著今年的主題。當時就覺得談搖滾樂時，一定要把自己的經驗加進來，不是以學者般的研究方式，談論一般人的狀況，而是要談我很個人的經驗。但是我不想洩露個人太多的情感，因爲焦點仍得在搖滾樂和精神分析。只是如果不是從我自己的經驗出發，我何必談這些每個人都有的經驗？

　　這些經驗都是很個人化的，當我這麼說時，不只是說當年的經驗，而包括了此刻有機會和一群人製作這個專題的經驗。這是除了自己，沒有其他人曾經走過的經驗。各位也許可以聽得出來，我一直在打轉和反芻一些很基本的問題，是這個話題如何影響著此刻的我。當我們說精神分析是更著重此時此刻，這是什麼意思呢？我們在此時此刻的描繪，能夠讓我們在目前就知道它的意義嗎？或者只是讓以前的意義浮現出來，卻是要說明眼前的意義嗎？如果是這樣的話，是前浪打回到後浪嗎？

　　另外，當然一定還有很多想法，可能太私密，或者一時之間還覺得太遙遠，沒有納進來而隱藏在浪花之間。

現在聽以前熟悉的搖滾樂，那是在回味嗎？

　　或者是以後來的浪打回以前的浪呢？其實這個問題預設了，精神分析裡重要的時間觀，以及相關經驗感受裡的美感課題。時間的傷，是種美感的話題，或是一種難以消化的死寂？時間的先後，是多年來重複的樂曲和吉他聲裡，不斷地和目前的經驗翻攪在一起。

　　坦白說，今天的說法是以某種程度，自己覺得是人生有收獲的角度做這些談論，而不是自覺失敗者。因此這些經驗和想像，對一位個案因為強烈受苦而覺得無助，來尋求心理治療時的回顧故事，是否是相同的經驗？我持保留態度。但我不會減損本文的價值，就像是一個人面對這個主題，跟觀眾談論自己的經驗時，可能有那些會浮現的想像，無意要大家相信這也會是你的經驗，而是在於我是否覺得說到了自己想要表達的意象。

　　不是一種知識，而是是否有仍值得再細想的意象。對我來說，不是搖滾樂裡英雄的個人故事，和相關知識讓我翻滾在裡頭直到現在，而是曾有一群人自覺得此刻想來是要叛逆，是這種現在想到的假想，推動著我；因為有精神分析讓我嘗試做這樣的聯想和描繪。

　　也許就像搖滾樂手，也包括其它型式音樂作者，在獻聲給聽眾前，只能在一種預設的情況下進行創作，然後在出場時見眞章。而我必須先從心理眞實出發，那就是，我其實是一顆不再滾動的石頭了，青苔長在石頭上，甚至石頭上的青苔被看成是某種品味，某種生活的樣式，或者某種美感了。那麼，我還有資格對於被預設需要不停滾動的搖滾樂說些什麼？是否只是變成指三道四的言不及義呢？

　　何況新一代的你們是更新，更新奇，更接近現在的脈絡，有些脈絡是你們創造出來的了，我何以需要談我以前的經驗呢？古老的經驗被遺棄，被遺忘，不是明顯出現在眼前，值得被拿出來談嗎？或許就像精神分析談著一個人的早年史，那是什麼意思呢？對於那些破碎片斷的記憶和感受，有值得需要被說出來並重新來看的嗎？

　　嘿！鈴鼓老兄，爲我唱首歌吧，
　　我不想睡而且哪兒都不想去。
　　嘿！鈴鼓老兄，爲我唱首歌吧，
　　在這個叮噹響的清晨，我將跟著你。

（Mr. Tambourine Man, 1965）

也許道理很簡單，那就是人都想要說自己

「人都想要說自己」，這是需要被提倡的，也是精神分析是否能成爲日常生活的重要想像？不只是有了問題和症狀，才需要所謂的被治療，來拿掉受苦，而是在日常生活裡再看清楚，再細想到底是怎麼回事，人爲什麼會這樣子活到現在？

也許這是我在這時最想說的話。我的個人經驗，包括前面所說的想法和記憶，想要說一個簡單的理由：精神分析是日常生活的一部分。需要回到日常生活的一部分，對診療室裡的雙方都是如此。不是只從佛洛伊德當年所寫的，日常生活的精神病理學，畢竟，對精神分析來說，精神病理學不是幫任何人貼上病理學的標籤。

值得再問的命題是日常生活的精神生理學，意思是精神生活是透過什麼樣的機制，讓人生活成目前的模樣？這裡的生理學不是指生物學，是指心理學裡人如何生活成目前的樣子。精神分析值得從搖滾樂的經驗，變成是以日常生活的生理學爲方向，雖然有人會說某些歌有療癒，這是搖滾樂或音樂被病理化功能，但是搖滾樂從一開始似乎不是這麼強調，尤其是歌手們開始創造自己的歌後，做了自己。何況精神分析標榜個案的自由聯想，在過程和目標都是以做自己，詮釋自己爲核心價值。而

精神分析的詮釋，如果以現代演奏家表演古代的作品，我們說那是詮釋古代作品，是強調需要有個人風格，獨特且富創意的詮釋方式。

我們如何彈奏自己的過去史呢？

喔，你去過什麼地方呢，我藍眼睛的孩子？
喔，你去過什麼地方呢，我親愛的少年囝仔？
我要在大雨來臨前離開，
我要走進最深沈的黑的森林深處，
在那裡有很多人而且雙手都空空的，
在那裡成堆的毒藥丸被撒進水中，
在那裡山谷的家園卻碰上了潮溼骯髒的監獄，
在那裡劊子手的面孔總是妥善地遮掩，
在那裡飢餓是醜陋的，靈魂全被遺忘，
在那裡黑是色彩，一無所有是數字，
我要說它想它和談它而且呼吸它的氣息，
從山的角度來反思它讓所有生靈都能看見它，
然後我將站在海洋中直到我開始沈落，
在開口歌唱前我會充份了解我的歌，
而一場大雨，一場大雨，一場大雨，一場大雨
一場大雨即將落下。

（A Hard Rain's A-Gonna Fall, 1962）

作為終曲的想法

對於狄倫得到諾貝爾文學獎，大家起初反應訝異，到後來覺得矛盾，有需要嗎？再加上狄倫的不出席領獎，覺得怪怪的，何不呢？這反應著自己的變化，不再是滾動的石頭了嗎？石頭總會有停下來的時候，就會擋到年輕人的事實，如果假設沒有擋到，是否反而盲目呢？

已停下來了的事實和心理真實，怎麼辦？重複聽著以前的老歌，這是什麼意思呢？是重新消化什麼嗎？不可能回到從前了，但是重複聽老歌，就有回到從前嗎？是否並不是回到從前，而是以前的經驗作為素材，重複的搬出來上演，是一直在尋找眼前的新意義，已經不可能是當年的意義了？

描繪自己的矛盾和複雜，探索何以醫學院畢業後，就只是一再回味當時的聲音，但愈成為主流社會的一份子，就算假設自己有反骨，叛逆，畢竟都和現實是不同調的。但是不同調似乎成為主要的調性，心中一直在平衡不同調的聲音，如同狄倫接受了諾貝爾文學獎，是否意味著他接受如此主流的獎項，原先的叛逆會走到那裡去呢？

非主流會消失或者成為主流？有一直都是非主流的

音樂，卻仍然廣受不同世代的人喜歡的嗎？當年的非主流會留存下來，成爲大眾的一部分，多多少少意味著成爲那代人的主流了，而新一代再從新的非主流開始？當以非主流作爲叛逆的核心價值，永遠有非主流讓搖滾樂生生不息。

其實，這也像是在說精神分析的歷史變化了。潛意識裡說不出口的，留在言語之外：徘徊在字裡行間堅持不出面的，都是非主流吧？相對於可以被自己和社會接受的想法，是大搖大擺地走在街頭上。

這不只區隔了不同的世代，也區隔了如何品味石頭上的青苔。

嘿！鈴鼓老兄，爲我唱首歌吧，
我不想睡而且哪兒都不想去。
嘿！鈴鼓老兄，爲我唱首歌吧，
在這個叮噹響的清晨，我將跟著你。

（ Mr. Tambourine Man, 1965 ）

搖與滾的奧德賽

作者｜ **劉心蕾**

諮商心理師

現從事私人執業

臺灣精神分析學會會員

Trapped in purgatory

困於煉獄

A lifeless object, alive

毫無生氣，但還活著

Awaiting reprisal

等待復仇

Death will be their acquiescence

他們終要償命

The sky is turning red

天已泛紅

Return to power draws near

重返權力已近

Fall into me, the sky's crimson tears

天上血紅的淚水墜向我

Abolish the rules made of stone

堅石般的規則也會被消融

Pierced from below, souls of my treacherous past

我邪惡過去的靈魂穿刺而上

Betrayed by many, now ornaments dripping above

太多的背叛，現在向上血洗

Awaiting the hour of reprisal

等待復仇的一刻

Your time slips away

時間分秒流逝

Raining blood

血雨

From a lacerated sky

從已被撕裂的天空落下

Bleeding its horror

流瀉他們的驚恐

Creating my structure now I shall reign in blood

而我將重生，浴血統治一切

(Jeffery John Hanneman of Slayer, Raining Blood, 1986)

　　尖銳失真的電吉他嘯叫著，雙大鼓重重踏著，舞台上閃現紅光，樂手們頭上落下血雨，電吉他開始奏出結構簡單但強勁有力的主要樂句，瘋狂重複著段落。主唱聲嘶力竭的唱著，困在煉獄中的人等待著復仇，要將天堂推翻，讓所有天使的血液落在他的身上。這歌詞的內容叫人驚懼，困在煉獄中的究竟是魔鬼還是人？

是誰把他鍊在獄中？為何而鍊？竟讓他為了復仇要血洗天堂？

　　殺手樂團的這首經典歌曲充分呈現重金屬搖滾樂的精髓，許多人覺得這種音樂太吵、難聽、聽不下去，甚至說那是魔鬼的音樂；而喜愛者則為其瘋狂，簡直要在這音樂中陷入恍惚狀態，恨不得它更重一點、更快一點、更黑暗殘暴一點，好像非得那樣才夠爽、夠過癮、夠屌！

　　這樣驚世駭俗的音樂於70年代開始發展茁壯，它與其他受喜愛的音樂截然不同，卻也逐漸佔了一席之地，在世界許多區域還大為風靡，實在是很有意思的現象。在這篇文章中，我希望可以邀請（可能是）熟悉精神分析理論的讀者，先放下專業的理論，和我一起進入搖滾樂的世界，四處看看各種有趣的現象。然後我們將從搖滾樂文化裡的基本態度出發，並以把這種態度推至極致的重金屬搖滾樂為例，聽聽看這種「吵死人」的音樂到底想表達什麼，看看其中是否潛藏著珍貴的寶藏。幸運的話，也許可以將其作為澆灌精神分析的養分。

全球蔓延的重金屬浪潮

60年代末期至70年代初期，Led Zeppelin（齊柏林飛船）、Black Sabbath（黑色安息日）、與Deep Purple（深紫色）三個樂團開啓了重金屬搖滾樂的獨特演奏方式與表演文化，長髮、皮衣、強而有力的節奏、狂飆的電吉他、嘶吼的唱腔……，許多樂團紛紛仿效，重金屬浪潮從英國開始席捲，後續也擴散到世界各地。80年代中，隨著Europe（歐洲）、Bon Jovi（邦喬飛）、Guns n' Roses（槍與玫瑰）紛紛攻上美國流行音樂排行榜，大紅大紫之後，幾乎全世界的人們都開始認識這個音樂類型。

猜猜除了日本之外，亞洲最多重金屬樂團的國家是哪一個？答案相信會讓許多人難以置信！Encyclopaedia Metallum這個網站搜羅了全球重金屬樂團的名單，相較於中國目前列出了大約300個重金屬樂團、南韓235個、台灣69個，領先的日本有約1800個，而同時，印象中貧窮落後的穆斯林國家印尼卻有1600個！

印尼有著近350年被殖民（荷蘭、日本）的歷史，1945年建國，到1968年蘇哈托軍政府執政後都是實行獨裁統治。1975年，重金屬音樂才剛剛開始成氣候，Deep Purple便已經前往雅加達演唱，吸引了大批的印尼樂迷捧

場。1993年,美國大團Metallica(金屬製品)的演唱會
讓許多印尼樂迷不惜變賣家當購票前往,現場樂迷人數
爆炸,入場流程發生問題,導致來不及在開唱前進場的
歌迷不滿暴動,演唱會場周邊的富裕街區因此陷入混亂,
甚至有人放了火。當時警察強力介入,不問青紅皂白狂
毆所有聚集的青少年,並從此禁止了搖滾樂團演出。實
際上,重金屬演唱會本身就像是一場大型的抗議活動,
對高壓統治的政府而言是無法容忍的存在。而在1998年
進入民主體制之後,印尼人終於在政治上脫離長久的壓
抑,只是經濟上始終難有明顯的改善,主要還是仰賴海
外移工匯回的資金。這段時間許多重金屬樂團出現,甚
至有純粹由貧困農村的穆斯林少女組成的重金屬樂團。
他們的歌曲中充滿對政治與社會的批評,開始有多元不
同的聲音呈現。更妙的是,2014年當選的印尼新總統佐
科威本身就曾是一名吉他手與重金屬樂迷,他曾說過,
搖滾樂給他帶來能量,那種精神讓他有動力去關注環保,
對抗腐敗,堅持正義。

　　南美洲的重金屬音樂重鎮巴西有著類似的狀況,這
個有近300年被殖民歷史(葡萄牙、荷蘭)的國家,在
1964-1984年間為軍政府極權統治,處在對外封閉、經濟
不振的狀況下,這獨裁政權結束於重金屬風起雲湧的
1984年,同年第一張巴西重金屬音樂專輯發行。然而,
巴西也有著與印尼類似的命運,在經濟上欲振乏力,

1990年代巴西曾經是世界第一大負債國，通膨高達
2000%。重金屬似乎象徵了巴西人渴望的發洩與改革，
知名重金屬樂團Sepultura（神碑）的團員們有著窮困匱
乏的背景，他們的音樂得到龐大極欲脫離貧窮的青少年
的認同。1985年，巴西舉辦了重金屬音樂的里約音樂
祭，在10天內就湧入了138萬人，現場周圍被擠爆，從空
中可以看到陣陣像是煙霧般的東西，實際上那是群眾人
體的蒸氣……。巴西甚至有一整個購物中心在賣重金屬的
相關商品，可見其風靡程度。

　　居於亞洲最先進地位的日本在接觸西方音樂方面也
佔了先機。1970年代，Deep purple與Kiss（吻）就已經造
訪日本，他們即興瘋狂的爆炸式現場演出首先震撼了日
本的樂迷。但重金屬音樂在日本的蓬勃發展並不只是因
為他們接觸得早而已，那似乎也與他們壓抑的文化傳統
有著密切而微妙的關係。日本社會高度崇尚壓抑與忍耐，
強調極端的禮節，而失禮則會帶來嚴重的恥辱感，如此
壓抑的另一面卻可以看到日本也是一個可以發動侵略戰爭
的國家，並且有高度發展的感官享樂性文化。Slayer（殺
手）的團員回想第一次去日本演唱的不可思議經驗，當時
的場地是一個可容納3000人的劇院，表演一開始，就如
同所有的重金屬演唱會一樣，所有人都瘋狂地衝到台
前，然而，工作人員卻想盡辦法把所有觀眾叫回自己的

位子，最後，全部的人都乖乖坐在位子上，直到表演結束！當然，在今日日本的演唱會上已經不會再見到這種景象了，不過，演唱會結束他們還是會把垃圾撿乾淨，帶回家丟棄，變回溫馴有禮的日本人。就像是日本的動漫產業、A片產業一樣，這個國家特有的強大壓抑文化似乎導致了被壓抑的衝動從另一面爆發出來，形成非常特殊的極端發展。此外，日本自古就有大量吸納外來文化的傳統，並且會將其轉化為具有自己特色的新品種。1980年代，日本的地下樂團受到了西方華麗搖滾的影響，由X Japan帶頭，發展出了日本的視覺系風潮，而許多少女樂迷對這類樂團的造型極為著迷，會在演唱會或動畫展上Cosplay他們最喜歡的樂團。 而或許也是因為這樣的獨特性，知名的吉他手Marty Friedman決定離開重金屬樂團Megadeth（麥加帝斯）跑去定居日本。他說日本的音樂很前衛，他甚至跟傑尼斯合作，碰撞出了很新奇或甚至可以說是怪異的結晶，像是Baby Metal這樣的少女團體，三個面貌甜美打扮如可愛漫畫人物的青少女，在典型重金屬強悍音樂的襯托下跳著舞唱出少女風的歌曲……，重金屬在日本便是以如此特異的姿態落地生根了。

　　以上關於印尼、巴西與日本的資料部分擷取自2007年發行的紀錄片「全球重金屬」（Global Metal），這部紀錄片的導演是加拿大籍的人類學家Sam Dunn，他在片中

觀察了數個國家裡重金屬文化的發展。從他的紀錄中可以發現一個有趣的現象，也就是重金屬音樂在某些極權壓迫、貧窮落後的第三世界國家中或者是某些文化上極為壓抑的地區流傳迅速，形成一股強大的浪潮，這股彷彿愈壓抑愈是反撲的力量，喚醒了「順民」們心中沈睡的真實叛逆慾望。對他們來說，聽重金屬不只是一種發洩，更像是內在真我的一種覺醒。

我們也可以觀察台灣本土的重金屬文化發展。在1980年代前後，出現了像「三星」、「翰江」等等專營非主流搖滾樂專輯販售的唱片行，他們開始大量引進販售盜版的重搖滾、重金屬音樂錄音帶，學生族群也因此有機會透過這些廉價的管道接觸重金屬音樂，少數樂迷更開始DIY自行編譯介紹重金屬的刊物。一直到1987年台灣解嚴，此時流行重金屬樂團在美國流行音樂排行榜攻下山頭已有數年，大量的當紅重金屬音樂順勢流入台灣青少年的世界。同時，由歐洲合唱團打頭陣，陸續有重金屬樂團來台開唱，而透過如「全國熱門流行音樂大賽」之類的管道，本土樂團如刺客、Metal kid（主唱即是大名鼎鼎的張雨生）也開始出現。90年代的台灣，在台北出現了重搖滾的Live house，由羅斯福路上的Wooden Top開始，陸續轉移過幾個陣地，聚集了當年的地下樂團與樂迷。

　　然而這一切，似乎並沒有讓重金屬成為席捲台灣的浪潮，重金屬樂迷在台灣依然是小眾。相較於印尼與巴西，雖然台灣一樣經歷了近百年的殖民時期（西班牙、荷蘭、日本）與國民黨政府的戒嚴統治（1949-1987），但到了重金屬風起雲湧的80年代，台灣其實已經處於戒嚴時代的末期，政治上的壓迫不再那麼強大，經濟上也不再是捉襟見肘的窘迫狀態；而即使台灣在文化上受到日本相當的影響，但壓抑的程度還是有所不同。或許這些都使得重金屬的憤怒嘶吼沒有特別吸引台灣人，即使知名的金屬樂團主唱Freddy（喔，如果你不知道，他就是立委林昶佐），進入了立法院的議事廳，但聽過閃靈樂團歌曲的人一樣不多。

搖滾樂的態度與重金屬搖滾樂

　　從1940年代起，源自黑人藍調音樂的影響，到現今搖滾樂已經發展成一棵枝繁葉茂的現代文化巨樹，其中各種不同樂風也各自開枝散葉，累積了豐富多元的創作。也因此，要把「搖滾樂」當作一個現象來討論恐怕已經成為了一個不可能的挑戰。然而，要稱之為搖滾，還是有它共同的基本要素，而其中很關鍵的一項特徵，我認為就是搖滾的態度。

　　玩搖滾的人有一種「態度」，這態度標示著你是否是個真正的Rocker。堅持自我、真實直接、反權威反體制、挑戰禁忌、叛逆不羈、不盲目跟隨主流、驕傲無懼、甚至囂張狂妄。無論外型裝扮、舞台上的表演風格、曲調歌詞到日常生活，無不秉持著這樣的態度。

　　如果沒有這樣的態度，那就算有著重節奏的樂風，樂迷們也會不屑的說：「這根本不算搖滾樂啊！」，「這只能算商業歌曲吧！」，「這就是用來把大眾洗腦的靡靡之音！」。搖滾樂似乎始終就是與這樣地下的、獨立性的、革命的元素相連著，就算樂團樂手成名，唱片大賣，也不能出賣了自己的理想與靈魂。

　　而在眾多的搖滾流派之中，重金屬搖滾樂可說是把這些搖滾的元素推到了極致的一支。音量調到最大，節奏加到最重，吉他飆至最快最尖銳，鼓打到最用力，唱腔挑戰最高亢最暴力，他們用力展現搖滾的態度，堅持站在體制外，大膽直觸所有禁忌，往往不甩社會規範，也引來洪水猛獸的封號，讓許多人敬而遠之。精神分析師們可能立即會有這樣的聯想：重金屬搖滾樂的態度似乎是一種與閹割焦慮相關的表現，追求最陽剛的形象、最硬最重的音樂，如同終極的陽具，對抗著權威與體制的壓迫，堅持不認同、不接受主流文化，甚至像是想要革命般的反叛姿態，在在都呼應著伊底帕斯之中的弒父

幻想。

　　對重金屬搖滾樂而言，歌詞的重要性反不如將其演
繹出來的唱腔。各個流派的重金屬歌曲演唱風格也迥異，
或高亢、或粗啞、或低吼、或呻吟、甚至於淒厲尖叫，
但總之得要符合「重金屬」的孔武有力，絕不會是甜膩
柔美的唱法。對金屬樂迷而言，音樂要夠硬才好聽，也
因此發展出所謂的鞭打金屬、速度金屬、黑金屬、死金
屬……等等派別。實際上，重金屬樂團極少創作琅琅上口
的抒情歌曲，樂團編制裡通常也沒有鍵盤手，這是因為
重金屬音樂重視的是強烈節奏而非柔美旋律。在吉他接
上電之後，傳統的音色跟音量限制就被突破了，重金屬
吉他手絕對必備的效果器就是破音，破音扭曲吉他的音
色，變得粗糙、高亢尖銳、充滿力量感。再搭配上點弦、
滑弦、搖桿等等技術，電吉他的音色表現能力被大大推
進，出色的吉他手常被稱為能「讓吉他說話」，藉著強
力和弦、吉他獨奏與效果器的運用，展現音樂中高爆發
力、速度感、重量感及破壞性等元素。在音色與舞台動
作上，性與死亡的元素彼此置換混雜，電吉他一面宛如
吉他手手裡自慰中的陰莖，一面也是持續發射致命音樂
子彈的機關槍，而吉他手就是背著機關槍衝鋒的主力戰
將，在樂團中往往超越主唱的重要性，甚至也有些樂團
專輯直接捨棄主唱，而以電吉他的演奏作為呈現的主角，
這也是重金屬樂團獨有的特色。負責低音部份的貝斯在

重金屬音樂中是重量感的主要來源，負責節奏部分的鼓手則掌握速度感與力量感，兩者的演奏往往也複雜多變，技巧繁複，一起編織出極具爆發性的樂曲。

　　重金屬音樂樂曲上的繁複性，也和吉他手的重要角色有關。最具影響力的重金屬樂手，幾乎都是曾鑽研古典樂的吉他手。他們從古典音樂的曲調與結構上擷取和改編，運用在重金屬音樂的和聲與旋律語言上，許多重金屬樂曲中的吉他獨奏聽起來猶如小提琴獨奏曲，而許多樂團也出版整張如同史詩般的概念性專輯，不同於一般搖滾樂幾乎都是單曲的形式。瑞典知名重金屬吉他手Yngwie Malmsteen甚至親自譜寫了一整套交響曲，與交響樂團一同演出。如此，叛逆不羈的重金屬音樂，卻在樂曲裡流著最嚴謹細膩的古典樂血液。

　　除了音樂本身之外，重金屬樂團的視覺形象也獨樹一幟，樂手們留著長髮、穿著鑲有金屬鉚丁的黑色皮衣皮褲及長靴、飾以骷髏圖案與鐵鍊......，樂迷們也是類似的打扮，穿著有樂團圖像或專輯封面的黑色T恤。樂團大多擁有特別設計過的LOGO，通常採用帶有尖銳感的字型。專輯的封面則是視覺形象上的另一大重點，常常出現的主題包括骷髏、刀劍槍枝等武器、神話、英雄、鬼怪科幻、裸露或是血腥暴力場景，並且往往聘請專業畫

家精雕細琢，通常是灰暗或血腥的色調、具有複雜的構圖、注重細節的處理，堪稱當代一門獨特的畫作流派。這些專輯封面畫作甚至比起專輯內的歌詞更能表現整張專輯想要傳達的內容，有著將諸多意念堆疊在封面畫中的特性，幾乎像是夢一般地搭配著音樂的演出。

重金屬音樂的歌詞也呼應著搖滾樂的態度，他們不喜歡文謅謅地咬文嚼字，通常是簡短通俗的大白話。主題與內容包含了暴力、性、憂鬱、自殺、精神病、恐怖、神秘主義、科幻、反叛、政治社會反諷、反戰、正義感、理想主義⋯⋯等等，各種不同的金屬流派也有各自偏好的歌詞主題，像是哥德金屬常以浪漫悲劇為主、死亡金屬和黑金屬則時常觸及哲學性的思索。不過，重金屬音樂裡最大宗的主題還是嗆聲般地發洩不滿與社會批判，暴力與攻擊的幻想沒有極限，殺戮與死亡也是廣為使用的題材，性的元素所佔的比例相對卻沒那麼多，而且多是與死亡的元素彼此交織地呈現。

極具代表性的美國鞭打金屬樂團Megadeth在Last Rites / Love To Death這首歌裡唱著殺戮的幻想：「⋯⋯此刻我抱著你，你的屍體已經被掏空，你走了，我想念你，但我告訴你，壞的回憶比好的多。即使可以，也不想回到過去了。我愛妳至死，若不能擁有你，那別人也

不行，既然我不能，只好殺死你......（原文：Your bodies empty now, as I hold you. Now your gone I miss you. But I told you, I remember bad times more than good. There's no coming back, even if we could. I loved you to death. If I can't have you, than no one will. And since I won't, I'll have to kill.）」。槍與玫瑰合唱團的主唱W. Axl. Rose在〈One in A Million〉這首歌中毫無掩飾地的直接唱出他對黑人、移民者、同性戀者的厭惡：「......條子和黑鬼，沒錯! 別擋我的路。今天不需要買半條你那黃金鍊子。（原文：Police and Niggers, that's right. Get out of my way. Don't need to buy none of your gold chains today.）......外來移民跟同性戀，他們對我一點意義也沒有，他們來到我的國家，覺得他們可以爲所欲爲，像是建立起小伊朗，或傳染一些該死的病毒。（Immigrants and faggots, they make no sense to me. They come to our country, and think they'll do as they please. Like start some mini Iran, or spread some fuckin' disease.）......」而Slayer樂團所創作的〈Angel of Death〉，歌詞中則詳細描述第二次世界大戰期間，納粹醫師門格勒在奧斯威辛集中營對病人所做的殘酷人體試驗：「......液體灌入你的腦子，頭顱的壓力推擠你的眼球；肉體在燃燒，一點一點消失；用你的皮膚測試灼熱，你的心智也跟著沸騰。凍死人的溫度，爆裂你的四肢；浸在這冰水中你能撐多久......（Pumped with fluid, inside your brain.

Pressure in your skull begins pushing through your eyes. Burning flesh, drips away. Test of heat burns your skin, your mind starts to boil. Frigid cold, cracks your limbs. How long can you last in this frozen water burial?）」。

諸如此類的這些歌曲引發極大爭議，Megadeth被質疑頌揚撒旦，Axl Rose被批評歧視，而Slayer更是踩上了西方世界的地雷，被認為支持納粹。批評的一方認為創作者價值觀扭曲，沒有道德良知，並且將對青少年歌迷們造成不良影響；但也有許多樂迷或樂評人認為他們只是把人們真實存在的想法藉由表演呈現出來，他們只是遵從重金屬文化中拒絕粉飾太平的態度而已。創作者本身也反駁這些指控，認為這些都只是創作上的素材，只是真實呈現人內在世界的黑暗面，並不代表他們在表達支持。Megadeth的Mustaine強調：「何須支持撒旦？他就是存在啊！」。

在這些爭議之下，關係到的是人們怎麼看待重金屬音樂這個舞台。就如同牽涉到裸露的藝術作品是否傷風敗俗這類的爭論，認定裸體畫就是色情的人們相信這就跟一個人赤裸站在面前是一樣的意思，他們無法接受藝術僅是一種展演的空間，如同戲劇的舞台，即使戲如人生，那依然就只是台上的一齣戲。英國分析師Hanna

Segal所談及的「象徵等同」（symbol equations）論點，正是指出這樣一種「缺乏象徵能力」的狀況，無法象徵性地把玩潛意識裡帶來焦慮的意念，將使得當事者無法創造性地處理內在焦慮。重金屬音樂的創作者在歌曲中象徵般的展演出人內在的黑暗幻想，批評者卻將之等同於真實，把這當作是他們實際在表達自己的看法或散佈自己的主張，甚至進而要求應該要禁止這些音樂。實際上，重金屬的這個舞台就像是一個如同治療室般的空間，在這安全的四面牆壁之中，Rocker們赤裸裸地吟唱橫流的慾望，血淋淋地把暴力展演在舞台上，闇黑地悶哼絕望與死亡的氣息……，所有最深沈黑暗的都得以無所顧忌的赤裸橫陳，獲得冶煉。分析師們理當比一般的聽眾更熟悉這樣的戲碼，每日在分析的秘密小房間裡所上演的應該相去不遠，而在這裡我們或許可以停下來思考一下，若是被分析者真敢像rocker般地釋放他最黑暗的慾望、敞開所有連結著暴力、血腥與死亡的一切，坐在分析師椅子上的你真的敢聽嗎？你是否有辦法留在那張椅子上把這一曲細細聽完？至於在治療室之外，當這些元素大剌剌地流轉在音樂裡，橫陳在舞台上，對大多數的人而言無疑就顯得驚世駭俗，但同時，卻也魅力無窮。怎樣的魅力無窮呢？

死亡的闇黑其實是性的滿足？

　　反重金屬人士擔憂的事情並沒有發生，聽眾在聆聽這些音樂時，不論是聽錄音或是現場演唱，其實並不太激起內心暴力憤恨的感受，反而是很能勾起人心中的熱情、令人熱血沸騰、很「嗨」、很「爽」的，那種狀態更像是內在悶住的激烈感受獲得了共鳴以及充分抒發，因而感到舒暢，重新獲得平衡，甚至有了新的可能。或者可以說，在重金屬音樂中，創作者與聽眾都獲得了盡情大聲說真話的自由，無需用溫順調和的美感包裝，無需昇華，直接徹底發洩，一點都不保留。那種直接無懼讓樂手們顯得很「屌」、很性感、魅力無窮。

　　眼尖的讀者可能也已經發現上面關於聆聽重金屬搖滾樂的狀態描述是很接近人類「性」的過程，可以說在殘暴憤恨的形式之下，重金屬音樂實際上帶著「性」的內涵。Rocking and Rolling這個詞彙最初指的是船隻在大海上的動態，而它也意指性裡面如驚濤駭浪般的搖滾翻騰：那些非溫柔美好的，殘暴、破壞的成分。同樣地，重金屬的音樂風格裡反對調和的美感與昇華，所有衝動以接近原始的樣貌徹底宣洩。這些死亡的、暗黑的、暴力的元素如同一顆顆的致命音樂子彈，透過如同機關槍般的電吉他持續發射；同時樂手與歌迷一起在宛如陰莖的電吉他的操弄中嗨到最高點。

　　重金屬搖滾樂的獨特性讓人不禁想問：何以憤恨闇黑的音樂裡會潛藏著性的滿足？愛與恨不是相對的元素嗎？死亡與性的力量究竟是如何交織在一塊兒的？相較於當代精神分析在本能與驅力主題上堪稱主流的生死二元對立論述，法國分析師Jean Laplanche在2004年發表的「The So-Called『Death Drive』：A Sexual Drive.」一文中詳述了非常不同的觀點。以下我將借重他在此一文章中的論述來討論重金屬音樂中死亡與性的元素難捨難分的現象。

　　在文章中，Laplanche顛覆了生命驅力與死亡驅力的對立說，他撤除Freud後續諸多的修正，回到Freud最初關於性特質的理論建構，主張後來發展出的死亡驅力概念其實早已包含在性驅力的論述中，也就是性驅力中破壞性、非結合性的部分；而後來發展成生命驅力與死亡驅力二元對立的狀況，他認為其實是理論發展中造成的偏差，也就是受到後來自戀概念的影響所致。因為自戀談論的是有完整對象（第一個便是自我）的愛，完全是結合性的，進而導致受到排除的那些破壞性、無法馴化的面相強烈反撲，成為與愛神（Eros, 而非sexual drive）相對的惡魔。

　　Laplanche首先從Freud1905年第一版的《性學三論》

下手，澄清Freud所談的驅力（drive）並非生物性的概念，與一般偏重以生物的性本能（instinct）來解釋性特質有所不同。Laplanche將《性學三論》的內容描述為「本能的奧德賽」，他說我們在其中可以看見本能的毀容（性的變型，sexual aberrations）、本能的喪失（幼兒性特質，infantile sexuality）與「虛擬的」本能之重新發現（青春期）。他提到Freud在《性學三論》中借用Aristophanes的寓言說明一般人的看法。這個寓言它描述了原始人類如何被切割成兩半，也就是男人和女人，以及他們如何努力尋找到彼此，這種性特質論點依循的是生物先天的性本能。而Freud的看法顯然與其不同，Laplanche歸納Freud的性特質理論特徵是：1. 與目的和對象有關的多型性變態（polymorphous perversion，也就是性對象不是異性、不是人類，或是性目的不是生殖器交媾）；2. 自我色慾（auto-eroticism，是要在自己身上尋求滿足），也就是臣服於潛意識幻想；3. 沒有結合（the absence of binding），因此在某種意義上是無政府狀態的，甚至是破壞的。綜合以上，我想Laplanche想說明的是：Freud在人類性特質上討論的性驅力是色慾，它是潛意識幻想層次的、是心理的、是人類特有的；有別於本能衝動，那是物質現實層次的、是生物的、是動物共有的。

　　那麼這種人類獨有的性驅力究竟是怎麼來的呢？關於這個部分，Laplanche先是提及了Freud放棄誘惑理論這件事，Freud早年傾向相信精神官能症的起因與童年遭受性誘惑的創傷有關，後來他宣稱放棄這個看法，而轉向認為這與幼兒的幻想有關（但在此一立場上似乎始終有所反覆），這個轉變使他遭受許多質疑與抨擊。關於成人是否真的「誘惑」了小孩，Freud與其反對者的爭議聚焦在物質現實與精神現實之上，也就是說究竟是成人確實誘惑侵害了小孩，還是成人並未真的對小孩做出踰矩的行為，而是在小孩自己的想像中覺得發生了此事。Laplanche認為放棄誘惑理論是個錯誤，Freud先宣稱放棄，後來又顯得立場反覆，這都是因為他被困在事實或幻想的簡單對立之中。Laplanche引入了第三種現實的概念做出不同的詮釋，也就是幼兒面對成人他者曖昧訊息所翻譯出來的現實，這個概念突破了精神現實純粹是主觀的這種想法，補充了潛意識溝通的互動性成分。

　　依Laplanche的說法，這種潛意識溝通的互動便是人類獨特的性驅力建立的管道，他認為就是因為這點一直沒有被釐清，精神分析理論才會不時地回到一般生物本能的錯誤方向發展。上面提到的成人他者的曖昧訊息指的是在與小孩溝通時，成人潛意識地傳達了他自身被潛抑的性。Laplanche說明來自成人的訊息並不只有關心疼

愛的成分，面對孩子，潛抑的性幻想也會在父母心中被喚醒，而強行進入自我保存關係的核心之中，不過送出的當然是一種（與潛抑的力量）「妥協」後的曖昧訊息，因此送出的人本身是不會意識到的，也可以說成人或許在不自覺的狀況下，潛意識地誘惑了小孩。

　　幼兒嘗試翻譯理解來自成年人的訊息，吸納非語言訊息、排入時序、將其統整翻譯成調和的訊息，成為意識，也就是一致且有意義的統合自我；而那些曖昧而無法被翻譯的（來自大人潛抑的潛意識的性）則會被排除潛抑，這些混亂碎裂的謎一般的片段被直接轉碼抄錄，創造了潛意識，它主要覆蓋了本我的部分，因為未經翻譯與整理，可以看見其無秩序與不整合的特性，其中沒有矛盾、沒有一致與協調、沒有否定與負面表徵、沒有時間性。而那些需要被潛抑的原始性幻想便如此在潛意識上代代相傳，形成人類特殊的性特質。

　　以上關於本能與驅力的區分帶來一個重要的澄清，也就是性驅力並不等於（生物本能上的）尋求結合。法國的精神分析師在思考、語言與潛意識的關聯上著墨頗多。Laplanche提到，「在構思事物的方式中，潛意識的所有具體特徵都應該被理解為：與面對來自成人訊息的孩子，不斷地進行翻譯及時間化的嘗試相關」。從上一段所述幼兒的翻譯模式中，可以看見在人類性特質的建

立過程裡，除了朝向歸納統整的「結合」（binding，次級過程）之外，它還包含另一種朝向排除消滅的機制：「裂解」（unbinding，原初過程）。而結合和裂解這兩種機制的運作則正是與潛抑的過程有關。結合是關於自戀和/或客體的，而意識就是有一致性、有意義的統合自我；裂解則是自體色慾的，排除的部分便是潛意識，如Klein所講的部分客體、破碎、攻擊、迫害，而人類自我的功能與外在環境都會促進結合與尋求完整性。因此，「生命驅力與死亡驅力之間的原始衝突假設絕對不是存在於有機體身上的生物性的對立」，「這種相對性僅存於人類身上，而且不是『性』與無關乎性的『侵略性』之間的區別，而是在性本身的核心。如果要保留Freud的術語，應該插入形容詞『性的』，談論性之死亡驅力與性之生命驅力。」。

　　至於將死亡驅力等同於與性無關的攻擊性這種看法，一般認為緣起於Freud在1919年寫的〈超越享樂原則〉一文。對此，Laplanche首先提醒讀者注意，Freud最先是想到一個原始的自我毀滅性，其次才將攻擊再導向外在世界。對於Freud引入施虐受虐或是強迫性重複來做說明，Laplanche指出這些似乎都顯得證據不足。《性學三論》中曾出現過的Aristophanes的寓言在此被再次提及，當時是用來代表一般人思考性特質的生物本能論，區分其與

Freud自身看法的不同。此處卻是用來作為愛神（Eros）的原型神話，顯然在兩篇文章中對生命驅力的界定實際上有所不同！《性學三論》中所討論的性活動是自體色慾、是裂解的；其唯一的目標是透過最短的路徑獲得滿足，對象並不重要。而在「超越享樂原則」中所描述的愛神則是針對（完整）客體的、是結合的願望；它的目的是要保有客體，愛著客體如同自戀中愛著自我。因此，當死亡驅力被提出的時候，實際上生命驅力的界定已悄悄出現變化，這個變化又是怎麼回事呢？

Laplanche的答案是「自戀」。他認為當1914年《論自戀：一篇導論》出版時，這個重要概念的發現導致了理論架構的偏移。這篇文章是關於愛的，它所談的是愛神，而非色慾。「自我」就是人們第一個完整的愛戀客體，它是統整的客體的原型，它吸收一切，彙整、調和，性驅力也被收編其中，成為純粹朝向客體、朝向結合的。性特質自身中破壞性和不穩定性的面向，違背了結合的原則，於是便被排除了。至於被排除的部分當然不會就此消失，如同遭受強力鎮壓一般，結果就是強力的反彈。Laplanche說，「面對一個勝利的、自戀的愛神可能完全接管的風險，在現實生活中，以及在Freud思想的發展中，引發了以最激進的形式重新確定驅力的強烈要求：以一種如『惡魔』般的形式，除了初級過程和強迫式的幻想

之外什麼都不服從。從這個角度來看，所謂的死亡驅力，只不過是重新建立了一種性特質中無法馴化的面向」。

　　我們可以再回過頭看看重金屬樂團的演出。我挑選的例子是鞭打金屬樂派四大天王之一的Slayer樂團，1982年成軍於美國洛杉磯，Slayer之所以在金屬樂迷們心目中地位崇高，除了音樂技術上的高水準表現之外，更重要的還是他們絲毫不甩主流商業文化、殘暴血腥不設限的死硬態度。在文章開頭提到的〈Raining Blood〉這首歌據說是他們最喜歡做現場的曲目，每次演奏總是能使台下的歌迷瘋狂。音樂很難用文字做詳盡的描述，建議讀者們自行在YouTube上以關鍵字搜尋，可以找到這首歌2004年精彩的現場演出錄影。

　　總之，這場演出一開始先是尖銳失真的電吉他嘯叫聲漂浮在黑暗中，營造出扭曲而不穩定的鬼魅感，接著雙大鼓重重踏出仿若緊張心跳的咚咚聲……，此時台下的歌迷彷彿都跟上了這個心跳節奏與情緒，紛紛激動喧騰起來。這堪比恐怖片配樂的段落其實是亦步亦趨地緊追著歌曲的主要意念推進的：有某些恐怖的事情即將展開，就像殺手在暗夜裡的腳步，每一步都搭配著重重的心跳，咚咚咚、咚咚咚……，狀似緊張，卻又夾雜著期待與興奮。

　　倏地，舞台上閃現紅光，在紅光乍現仿若畫面停格的瞬間，駭人的情景映入眼簾，樂手們頭上落下血雨，在滿身橫流的紅色汁液下，音色強硬的電吉他開始奏出結構簡單但強勁有力的主要樂句。血腥殘暴、強硬無懼、簡單直接，正統的重金屬符號到齊。死亡的味道飄在空氣中，再加上視覺效果的震撼性，這時不需要借助迷幻藥，歌迷們的情緒已開始滾動。

　　樂手們毫不磨蹭，緊接著就將它推至沸騰。貝斯與鼓聲加入，飽滿的聲響以機關槍般的迅猛節奏瘋狂重複著段落，主唱聲嘶力竭的唱著困在煉獄中的人等待著復仇，要將天堂推翻，讓所有天使的血液落在他的身上。這歌詞的內容叫人驚懼，困在煉獄中的究竟是魔鬼還是人？是誰把他鍊在獄中？為何而鍊？竟讓他為了復仇要血洗天堂？

　　樂手們在血雨中跟著節奏使勁地甩頭，樂器的音色粗硬、音量趨於飽和、速度飆得更快，台下的群眾也跟上這速度，忘情的甩頭或是moshing，也就是彼此用身體肩膀衝撞，回應舞台上激烈的氛圍。這狀態彷彿是來到了群魔亂舞的殺戮現場，殺紅了眼的魔鬼不停拿刀刺、刺、刺⋯⋯。

　　無論在聽覺上、在視覺上或是歌詞內容與演出情緒

上，這首曲子似乎都是往死亡的方向去，鬼魅、恐怖、血腥、瘋狂、強迫性重複、復仇、殺戮、衝撞……，沒有一點保留或是修飾。不習慣的聽者無法理解他們為何要這麼大聲、這麼刺耳、這麼憤恨、這麼激烈，讓人不舒服到想把它關掉，讓它從眼前從耳中移開，總覺得他們應該把音樂做得溫和一點、順耳一點、歌詞寫得有深度一點、讓人聽得舒服感動……。

但同樣的音樂翻個身卻完全是往高潮的方向去，激動、興奮、勃起、衝刺、宣洩……，聽在能有所共鳴的樂迷耳中是很爽快的，無需壓抑、盡情釋放，再也不用隱藏野蠻殘暴的原始衝動、鄉愿地修飾言詞、認命地當個順民、成為維持美好假象的一員，他們享受盡情發洩的嗨，與大聲說真話的爽快，愈是激烈，愈是滿足。

拒絕溫順調和、未經整理修飾的重金屬可說是遵從著裂解（unbinding）的原則，原始、拆解、碎裂、破壞、宣洩，過多的能量就直接釋放排出，所有在喊著「殺！殺！殺！」的同時被丟出來的碎片並不是單純連結著死亡，而是在其中同時包含一種性的滿足。相對於一般所說在性結合（binding）中所獲得的滿足，這種滿足更像是原始潛意識幻想中的一種破壞與無政府狀態的性滿足。

　　曲子的尾聲，粗嘎的音樂聲在迴響中漸趨平息，滿頭滿臉紅色汁液的貝斯手兼主唱Tom Araya邊喘息著邊回過頭來，露出一抹狀似滿足的神秘微笑……。這份滿足與愈來愈迴盪消逝的吉他聲響巧妙地融合在一塊兒，完全是性滿足的絕妙翻版。如果再借助Laplanche的一臂之力，這篇文章的主題或許可以濃縮成這樣的一句話：「The So-Called『Death Metal』：A Sexy Metal.」。而或許我們也可以說：面對著掌權的、自戀的高壓勢力，在搖滾樂中，引發了以最激進的形式讓反叛存在的強烈要求；以一種如「惡魔」般的形式，除了破壞發洩和強迫式的攻擊殺戮幻想之外什麼都不服從。從這個角度來看，所謂的重金屬搖滾樂，也正展演出一種性特質中無法馴化的面向，也就是性的死亡驅力。

夢中的搖滾樂

作者｜唐守志
居善醫院主治醫師
臺灣精神分析學會會員

　　貓王曾說：「我不懂音樂啊，可是我可以唱搖滾樂」，這句話蠻有意思的！精神分析可以作為理論，或是作為治療方式，甚至作為深度心理學，但是在臨床的實踐上，我們需要知道所有有關精神分析的知識嗎？如果我們沒辦法掌握那麼多知識，該怎麼治療病人呢？就像貓王說自己不懂音樂，但是他可以唱歌；治療者是不是也可找出這樣的空間，和個案一起工作？但這樣想的話，會不會容易進入自行其是的武斷與盲目之中呢？如果精神分析就像是搖滾樂一樣「好玩」，像溫尼考特提出「玩遊戲」的概念，而我們要怎麼玩呢？

　　音樂本身有很多「玩」的成分，從樂手之間的互動、歌詞，到新的樂器、新的聲音，重組成新的效果，甚至是整個樂曲與樂手的對話，新的元素都可能在這些過程中產生。有位吉他手說，他在練吉他時，學習到一個經驗：剛開始時都想要講很多「話」，不斷地彈奏，不斷地填空，在那些樂句當中，要求表現。可是，從B. B. King這個偉大的藍調吉他手身上，他發現了一件事，那也是他老師告訴他的，就是重點不在你填入了多少，而是你有沒有「留下空

間」，不需要太多音符，就有辦法讓整個音樂
的氛圍展現出來。假設精神分析也是一種搖滾
樂，我們可以怎麼思考呢？

從一首小夜曲出發

　　我喜歡的一位精神分析師Theodor Reik所寫的《內在
之聲》（水牛出版，1991)第四章，標題就是「一首小夜
曲」。或許我們從小到大的學習，都是循著正統的教科
書，邏輯性的結構，然後分項、說明，但是Reik談分析
的概念、分析的經驗，是從個人出發，不斷地連結，不
斷地聯想，從這裡面找出意義。對我而言，《夢的解析》
就是一首搖滾樂，它運用夢的場景互相連結，去尋找意
義，而這種意義的尋找方式是「自由聯想」。「自由聯
想」的運作不只是從一個句子跳到另一個句子，或是一個
場景過渡到另一個場景，而是在這項的連結與迂迴的過程
中，分析者，不論是自我分析或是被分析，從「之間」猜
測或是領會出某種意義。這種過程當中的天馬行空與極度
個別化，跟我們所學習的知識系統，在本質上可說是相
互排斥。這無異於是一種「癡人說夢」。這種「癡人」
更容易被冠上一種「反科學」的污名，這也是精神分析

一開始很難被接受的原因。只是，我們也別忘了，科學的沿革與審慎態度比起一種科學形式更為重要。

德國啓蒙運動時期的作家萊辛（Gotthold Ephraim Lessing，1729-1781)說：「一個人未曾在某些情況失心(lose his mind)，他就沒有『心』可失。如果我們不會偶而像個瘋子似的去思想去行動，則眞不敢說我們是不是『正常人』。」以前我聽搖滾樂常常有這種狀態，當音樂整個滲透神經，整個人融入的時候，那種瘋狂就好像短暫「失心瘋」的狀態。夜晚做夢這件事，其實也是另外一種所謂的「正常的瘋狂」吧？夢裡面包含很多我們平常沒有注意到的情感跟思想：這是我們可以躲避日常強大的心理防衛，找到慾望「發聲」的場域，也是接觸潛意識很重要的途徑。

當我在思考要怎麼來談搖滾樂和精神分析時，有兩種焦慮的感覺。一個是對於搖滾樂的疏離，那曾經是生命中很重要的一部分，卻在我進入醫院之後，不再是生活的重心。雖然我覺得自己心中仍是有搖滾的成分，「我還是rocker！」，但這似乎成爲一種對往日的追憶，一種鄉愁。另一個焦慮來自於對精神分析的不安，因爲知道自己並沒有能夠全面掌握住精神分析的理論，就好像我也只聽了那些我曾經聽過的唱片音樂。如果分析的書是

一種唱片的相對物，那麼我可能看的書比聽的專輯更少，也許我對搖滾樂的感覺和把握性更強。我好像可以用一種很「感受性」與「直覺性」的方式，去捕捉我對音樂的感覺，可是我對精神分析的理論好像還沒有辦法，雖然讀過一些理論和大師的書，可是常常都覺得好像沒看過一樣，也許就是領悟還不夠深吧！

　　精神分析的學習，不論是被督導、被分析或治療個案，佔據了我醫院工作外的許多時間，就好像精神分析取代了我大學時期的搖滾樂一般。那時候我聽搖滾樂，非常飢渴地想要去聽，想要知道各種樂風聽起來的差別，想要知道每個團體特殊的聲音，那些在搖滾史上不可不聽的唱片，都成為我「獵奇」的對象。為何這個團體會對那個團體有影響呢？為何某些團體會被歸成同一種樂風呢？這裡面是不是有某種類似「特質」的元素存在呢？現在我也在聽，是從那些個案說的話或是在自己被分析中聽自己說話，或者聽督導、老師說的話。我好像也是同樣去聽這些不同的人是有甚麼不同，又或者是有甚麼相同呢？那些痛苦與掙扎，難過與悲傷，限制與矛盾，是怎麼的差異與重複呢？不管是搖滾樂或精神分析，在感官介面的共同性，是「聽」這個元素被大量地實踐。

　　對我而言，在時間序上，搖滾樂和精神分析好像是一個物件對一個物件的取代：有個東西它目前存活著，

而有個東西似乎過了它的年代，它已然死去。這兩者是
一種生死之間的連結，但死也不是完全死，因為它可以
被叫回來，像是回魂一般。好像在生跟死之間有一個連
結，可以生生死死換來換去。

我做了一個關於搖滾樂的夢

　　我想要從我的夢開始出發，把自己當作精神分析的
搖滾樂展演、連結，試著創作出一首小夜曲。但夢是可
遇不可求，我大概從知道要參與演講之後，等了兩三個
月吧，才出現一個夢。我是在醫院值班時，睡在值班室，
做了一個夢。夢裡，先響起了一首歌的旋律，「Moon
River……」隨著歌聲唱出來的一句一句歌詞，夢中的畫面
變成一幕一幕場景，也就是說，這首歌的每一句歌詞都
是一個場景，而我就在場景裡來來回回穿梭不停，就像
一幕幕的戲。最後，我看到一個大黑板，哦，好像所有
的場景，都在這個很像螢幕的大黑板演出……

　　我醒來之後，清楚地說：「哇，夢出現了！趕快記
下來。」我開始回想〈Moon River〉這首歌。大家對這
首歌的連結，大概是第凡內早餐、奧黛麗赫本……，但我
一開始不是這樣認識這首歌的。搖滾樂裡面有個很有趣
的現象，有些人會把以前不那麼有名的歌，重新翻唱而

再度風行，也有一些人會把過去很有名的歌，唱出另外一種味道，就是original跟cover，或所謂「重新詮釋」，產生新的東西。我聽音樂的習慣，就是喜歡同一首歌找出所有的版本都聽一遍，一開始接觸〈Moon River〉這首歌，我是聽一個另類樂團的合輯，但是已經忘記是哪一張專輯了[1]，卻隱約記起有個驚嚇的場景。

那是發生在大學時期的故事，那時常常聽著聽著音樂就睡著了。有一次半夜，也是聽著音樂，半夢半醒中，依稀聽到一個女子的哭泣，是一種哀戚到淒厲的感覺，好像是鬼的聲音，在河邊，有河水......。當時自己一個人住公寓，當我醒來，那個player還在放〈Moon River〉，我是被嚇到了！我想這首歌，怎麼會變成是一種恐怖的感覺？之後我才知道，更早的原版是比較抒情的，我聽到的是改編的，在播放的過程中會有一段長長的空白，好像是在醞釀什麼？音樂從有到無，然後才出現這段嚇人的音樂。我在記錄的時候，也聯想到莎士比亞《哈姆雷特》裡的Ophelia，她掉到河裡被花草團團圍住，我突然有種像歌德《少年維特的煩惱》失戀的感覺，很哀傷！於是腦海又浮現另一首歌，是Guns N' Roses的〈Live And Let Die〉，也是一首翻唱(cover)的歌，好奇怪喔，這個

---

1. 這張CD後來在家中找到。是一張另類樂團的合輯。EMI公司1995年發行的，專輯名稱是《Pop is dead ?2》裡面收錄Morrissey唱的Moon River。不知道這個專輯名稱是不是呼應了我夢中的感受，Rock is dead , too。

夢裡夢外都是翻唱的元素。〈Live And Let Die〉的原唱是保羅麥卡尼（Paul McCartney），他是The Beatles的貝斯手，也是很重要的音樂創作家。這時，我想起看過一則八卦消息說，保羅麥卡尼其實早在1966年就過世了，現在看到的是一個很像他的替身，也是一個cover。我想這個翻唱或cover本身不斷的出現，應該有某種特殊意義。如果夢是一種對無意識的cover，一種對無意識的新的詮釋，那麼去說夢，也是一種對原初夢的經驗的再表達。我們其實很難去談夢，有時會記得不是那麼清楚，有時又會去加減增修，已經不只是原來的夢了。每一次的cover，翻唱，都帶入新的東西、新的詮釋，甚至也搞不清楚何謂「original」了。也許，Morrissey的〈Moon River〉比起奧黛麗赫本在電影中彈唱的〈Moon River〉來說，對我而言，更為原初吧？

　　〈Live And Let Die〉是1973年麥卡尼為007電影「生死關頭」作的同名主題曲，我再去聽麥卡尼唱的原版音樂，跟Guns N' Roses的翻唱感覺起來沒有差別很大，就曲風來說都有搖滾的味道，但可能前者比較是硬搖滾(hard rock)，後者是重金屬(heavy metal)。讓我覺得驚訝的反而是在創作者本身的認知，想不到披頭四的麥卡尼會做出這樣的音樂！這首歌已經遠離了我對披頭四時期麥卡尼的印象，這種遠離也許意味著某種變化與成長；

披頭四已蛻變成真正的搖滾團體。

　　「Live and let die」相對於「Live and let live」而言，「Live and let live 」這句話似乎更通俗，它是指你照你自己想要的方式過活，也讓別人照他想要的方式過活。引申出的意思是，不要挑剔或太過度批評別人，不要想要處罰或控制別人。而Live And Let Die電影中譯為「生死關頭」，實際上是指「我活你死」。歌詞大概是說，當我們年輕的時候，我們的心就像敞開的書，而我們居住在這個變動的世界，它使我們屈服，使我們哭泣，我們就說Live and let die，Live and let die，我活著，讓其他人去死吧！

　　我發現我的夢，有一個很強的力道，可以讓我一直不斷地去連結、去發散，跟各種事件產生關聯，從一個場景接換到另一個場景，一個字詞打開一個新的空間或平台，這呼應了我夢的前半段，每個歌詞都是一個場景，我不斷地去追，直到這個生死交關的出現。卡爾維諾在《宇宙連環圖》的事件中，提到無方向性空間中的一點。他描述的宇宙空間是一團漆黑，沒有辦法分天南地北，可是有一個點在那裡。但是那個點，又不能當成是中心，也不能說是邊緣。在這個點上，好像是處於一個叉路口的感覺，可以通達很多方向，讓你去探索、去冒險。這是一個連結的點。就好像我在做「夢」的連結，愈追愈

遠愈離心，但是如果從一個點的角度來看，在叉路口朝向每一條路，都是可以好奇前進的方向。

　　這種連結的感覺，是一種新奇的發現的感受，是探索的冒險，等待某種新的體驗的發生。好像我在大學時期聽音樂，從一張專輯到下一張專輯，從一種風格到另一種風格，以至於發現某項元素在不同風格之間重複，或者同一首歌不同的詮釋或轉變，被不同的人演出。這裡面也有一種轉換的東西存在，它是一種「過渡」也是一種「連結」，它位於兩者之間，讓我享受一種「聽」的遊戲的樂趣。

　　再回到我的夢。我發現這些夢的場景與聯想的片段，有某些字詞特別的重複出現。轉換、連結、取代，「過去的」有「現在的」來代替，「舊的」有「新的」來表現，然而不論這樣的交替如何的轉換，也許並不是在於生或死，而是在「生」和「死」之間的連結。這裡面還有一個時間的向度存在，過去的與現在的，年輕的與當下的，在感受的底層隱約蘊含著強烈的挫折，「當世界使我們屈服，使我們哭泣……」也許這同樣是搖滾樂的化身，要為情緒尋找出口，一種反叛、一種不願意接受、一種對世界的憤怒。大學時我不只聽音樂，還有玩樂團，打鼓、彈吉他、當主唱、創作、表演，不斷地轉換身分。隨著年紀慢慢長大的過程，如楊明敏醫師說的：「以前

的搖滾夢，漸漸就不見了」。有種生死關頭的選擇，我開始考慮要不要跟大家一起活，或是要你死我活。「你死我活」是在很偏執、分裂的位置；「大家一起活」，則是很憂鬱的位置。不論是哪種位置，似乎都離開了一種「天眞的愉快的童年」，而這就是一種「離家」的過程。

時代之聲，抓住時代青年的想像

　　我在大一大二時聽搖滾樂，最重要的一個情緒就是「很不爽！」，憤怒啦，也不知道氣什麼，就看什麼都不爽。但是我可以聽Nirvana（超脫搖滾樂團），然後大吼大叫，一直在那邊跟著唱。Nirvana主唱Kurt Cobain陪我度過了大學很多時光。他們在1993年發行《In Utero》專輯後，而Cobain在1994年4月5號自殺身亡，得年27歲。在90年代，Grunge（油漬搖滾）裡面他唱的〈Smells Like Teen Spirit〉是那個世代的青年很重要的一個代表。我以前聽音樂，不太看歌詞，隔了一個外國語，那種情緒的渲染，或是情緒的直接連結，好像就夠了，老實說，當時我不知道他唱什麼，不知道內容是什麼，就覺得這個可以跟我很合這樣子。後來去看歌詞，才知道這首歌有很多有趣的地方。「Teen Spirit」是香水的品牌，因爲

Cobain很喜歡噴這一牌的香水，他女朋友就說，你每次聞起來都像「Teen Spirit」（Smells Like Teen Spirit）。

With the lights out it's less dangerous
把燈關掉，比較沒那麼危險
Here we are now, entertain us
我們來了，娛樂我們吧！
I feel stupid and contagious
我覺得自己很蠢，被傳染了
Here we are now, entertain us
我們來了，取悅我們吧！
A mulatto, an albino
一個黑白混種，一個白子
A mosquito, my Libido
一隻蚊子，我的力比多

（Smells like teen spirit,Nirvana,1991）

Cobain，唱出了青年的心聲，可是對Cobain而言，成名之後，他有很大的抗拒，他覺得他沒有在為時代表達什麼啊，他只是在講他自己啊。這很有趣，為什麼他

隨手可得之物，也許就是他身上的味道，竟然可以通達到這麼多人的心裡面？這種和青年之間產生的共鳴，正好不是他在歌詞當中說出了甚麼道理，而是在那些不羈與荒誕，毫無邏輯的歌詞當中，結合音樂的起伏與主唱的嘶吼，在樂曲當下表達出了當時青年的心情狀態。之所以是「心聲」，這是因為他展演出那些沒有道理的道理。

　　Grunge是結合金屬跟龐克這兩個音樂的元素，當我想到這首歌的時候，我發現我很喜歡的音樂形式，也許跟重金屬有關。一開始都是很小聲，很沒力氣，很虛弱，然後在某個點，它就「磅！」爆發出來，有一種翻轉，好像是躁鬱的這種兩極化的感覺。這種音樂形式的結構，裡面的節奏會很強烈地浮出來，也就是說，我會被節奏這件事情所吸引。但是Nirvana 1993的《In Utero》專輯，樂迷卻呈現兩極化的反應，有的人覺得有一些新的東西不錯，很多元素被放進去。但是有很多人覺得，味道不對！專輯裡的歌曲有幾首很像1991的《Nevermind》專輯，很容易喜歡，可是另外有幾首，就是很亂很吵，好像沒有結構，那些節奏、形式都被打亂了，就很純粹的嘶吼，沒有一個空間可以去涵納，或是保護這樣子音樂的表現的東西……，所以我會聽不下去，想要把它快轉。

　　我們來談談這兩張專輯的封面。（圖1）對學習精神

分析的人來講，你會先看到什麼？小孩啊、子宮啊！然後你會看到一張鈔票。在水裡面鈔票跟嬰兒之間有一個連結，鈔票也許代表現實的、商業的，成功、成名的誘惑，嬰兒要朝向那個地方游去。他不是用手去拿，是藉著水游過去。這讓我聯想到，Cobain的生日是2月20號，

1991 Nevermind （圖1）　　　　　1993 In Utero （圖2）

雙魚座，前一天2月19號是水瓶座，水的意象好像是之間的連結。我覺得這裡的「水」是作為一種介質，可以有許多有趣的想法。比方說胎兒在母親子宮的羊水，那是一種在母體內的保護裝置，也是胎兒之於母親母體以外其皮膚接觸最多的東西。佛洛伊德說過，人們從母體出生到長大成人的過程，幾乎展示了整個生命的演化史。就一種象徵意義來說，人也是誕生於水中的。而這裡也許給了胎兒一種移動的自由。我們可以看到這個封面，這裡的水顏色藍得就像是在游泳池中，而這個嬰兒，他沒有發達的四肢，可能還不會走路，實際上當時拍攝的

這個嬰兒只有四個月大[2]。畫面中在水中的嬰兒會比在陸地上更快速的接近金錢代表的成功吧？但是這樣的接近成功，還不夠大，才剛出生，甚至還沒有離開象徵羊水的那些水，這該如何去面對世界帶來的殘酷呢？另一種想法是，水一直以來也是情緒的象徵，如果嬰兒還被情緒所包圍，那麼他還是活在原始的情緒之中，勢必將會被其左右。

　　到了1993年這張專輯（圖2)　，封面看起來好像是女人的解剖圖。我印象中，如果翻到唱片背面，會看到一個剖面的子宮，有一個小嬰兒塞在裡面。他回到子宮裡去了，退化、縮回去；跟這個世界的連結，不再是透過水或是錢，而是回到媽媽子宮裡的狀態。這張專輯某些歌曲充滿了狂暴性、雜亂性，但是我在聽的時候其實會難過，我知道他後來自殺了。聽的時候，感覺好像有一個很大的什麼痛苦在那邊，沒辦法找到最初的保護與包裹。整個畫面沒有任何的「水分」存在，不論是之前的「水」甚至我們可能去想像的解剖的「血」。它們都乾掉了(Dry out)！如果搖滾樂的表達形式，是把libido或是情緒、驅力能量，人的內心中各種感覺性的東西發洩出來，跟這個世界做一個連結，那麼，這張專輯就是

---

2. 此人名叫Spencer Elden。他在25年後，也就是他25歲的時候，同樣也拍了一張同樣的照片紀念。

Cobain對這個世界的吶喊，對於一個失去水分的想要回到原初母體卻又無法的吶喊。如同小baby出生時胸部被壓迫、身體被壓迫，通過產道一出來就是哇哇哇，大叫大哭，那是開始唱搖滾樂。而搖滾樂的結束，也是在要離開這個世界，想要回去母體的過程中的一種同樣的哭喊。為了不想出來，而哭；為了回不去，而哭。

搖滾樂作為一種對世界的感受性呈現

從60年代、70年代、80年代、90年代、00年代、到現在，我對每一個搖滾世代都有自己感受的情感氛圍。我把自己的搖滾樂聆聽狀態，想像成我就是一個如同Nirvana《 Nevermind》專輯封面的水中嬰兒，而不同世代的搖滾樂或樂風，就像是這些水一樣，滋養並且包裹著我，替代失去母親的保護，同樣的，保護我的離家、成長，或者要步上追求成功的路途。

我覺得六零年代的嬉皮世代，像是愛與和平，那時候只有民歌啊，歌詞總是訴說，雖然世界不是很好，但是我們還是可以做愛，我們還是可以大家好好的，這是一個「愛」的世界；同時這也是一個「迷」世界，迷幻搖滾，帶領我們進入到失神空間(mindless space)裡面，尋

求另一種意識狀態。到了七零年代，有一種華麗感，這時候是前衛搖滾，對於搖滾樂的技藝，出現不少新的、更深入或是更精巧、精密的技術，好像交響樂曲的複雜磅礴；但這也是一個「亂」世界，當時的龐克最討厭Pink Floyd，當時Sex Pistols 主唱就穿一件T-shirt，上面寫Pink Floyd，然後把它畫起來，寫一個符號說I hate，穿在身上。因爲Sex Pistols覺得他們就是很華麗啊，講求技巧啊，可是跟我啥關？我沒工作啊！3

　　然後八零年代，我覺得就是「強」。音樂、節奏都給它最極致化！以前當鼓手去應徵重金屬樂團，要求速度要打兩百，而且要夠久！這時候爲何要透過這個強跟

---

3. Johnny Rotten（Sex pistols　主唱）：「性手槍只是一群極端無聊的人的組合。我們是出自極端沮喪和絕望才會聚在一起。我們看不到希望，這就是我們的共同連結。尋找一個正常的工作是沒有意義的，那太令人作嘔了。這個世界沒有出路」。

世界連結，或是透過這個強的聲音開展？也許這世代背後有一個很弱的東西，必須要把它包裝起來，武裝成自己很強吧？九零年代是Grunge的「怒」，所謂Grunge就是油漬，在車庫裡面，髒髒的，穿著牛仔褲，可能也沒事幹，沒什麼工作；另外，我也把90年代喻為「花」世界，因為花草音樂也不少，當年確實在社團裡有一群人，特別喜歡這種輕輕柔柔的、開開心心的，野餐啊、輕柔哼唱啊這種音樂。就是是因為這個世界太過於沉重，而我願化身「輕柔」般，不帶來這個世界過多的重量，也承認自己不要有重量。到了兩千年就是「後」的年代(post-)，後搖滾或是解構的，各種beat，各種狀態融合在裡面。到了現在，我覺得就是「厭」世代，聽過「草東沒有派對」這個樂團嗎？我蠻喜歡的，覺得他們的感受性很強。無話可說！無事可做！我想要的公平都是虛構的跟不公的，哇，實在是很貼切現在的年輕世代！

　　噢多麼美麗的一顆心
　　怎麼會　怎麼會　就變成了一灘爛泥
　　噢多麼單純的一首詩
　　怎麼會　怎麼會　都變成了諷刺
　　我想要說的　前人們都說過了
　　我想要做的　有錢人都做過了
　　我想要的公平都是不公們虛構的

噢多麼乾淨的一幅畫
怎麼會　怎麼會　充滿了悲傷
噢多麼天真的一句話
怎麼會　怎麼會　像噩夢一樣

（草東沒有派對，〈爛泥〉，2016）

50年代與搖滾樂的誕生

我們從音樂史的脈絡來看，五零年代才誕生的搖滾樂，可以說是歷史上第一種針對年輕人生命處境而創造的音樂，試圖表達或挑動他們的慾望或不滿，這也是搖滾樂的開始。重點是什麼？年輕人哪，年輕人那時候變成是一個市場。因為戰爭結束了，經濟開始復甦，資本主義也慢慢盛行，大家有錢可以挹注在生活改善，增加休閒的消費，所以年輕人的市場開始被重視，而且青年化成為重要的形象概念，這是一個商業的過程。弔詭的是，這個商業的過程也讓青年世代的意識可以被浮現，發出「我們不是成人，我們不同於成人世界」的價值觀[4]。

---

4. 張鐵志，《聲音與憤怒》，2004

　　當時，Bill Haley跟彗星合唱團是訂定搖滾樂形式的很重要的樂手跟樂團。他們並不是特別有創造力，也沒有特別迷人，可是他們把節奏藍調跟鄉村音樂，透過黑人音樂的表達方式，轉換成白人可以接受的音樂。例如，大家如果有一些樂理的概念，會知道以前的音樂大概都一三拍是重拍，可是搖滾樂的節奏，變成二四拍是重拍，那個beat有點不一樣；加上我們現在常常看到的舞台動作該怎麼扭啊，在Bill Haley的時候就有了，他把這些納入舞台表演的形式；甚至在節奏方面，開始有了「吶喊」的唱法。

　　Bill Haley唱的這首〈Rock Around the Clock〉，雖然不是他的第一首鄉村搖滾樂，卻是他很紅的代表作，那時候也是被當作電影*Blackboard Jungle*（黑板叢林，1955）的主題曲。*Blackboard Jungle*是第一部描寫校園青春暴力的電影，大概是敘述老師來到學校，發現這裡的青年學生非常暴力，不服管教的情況很嚴重。其中有一個黑人學生帶有某種領袖的特質，老師希望可以藉助他影響大家，整合大家，讓大家可以學好；可是引起白人的反對，最後演變成各種暴力的衝突。這部電影在那個保守年代，算是蠻特殊的劇情，剛推出時還被禁播。但是看電影時，從聽到搖滾樂開始，就會發現音樂跟青少年的情感很契合，〈Rock Around the Clock〉，全天候搖

滾，搖滾不停歇⋯⋯。當然，如果回到美國五零年代的學
校教育的情況，其實電影是極端化了。

　　五零年代整個政治氛圍是很保守的，因為反共，麥
卡錫主義興起，所有的人都一起抵制共產黨，國族主義
成為主流意識，知識份子、科學和教師被迫接受許多委
員會的調查，而且需要簽屬忠誠誓言的文件。由於資本
主義的發展，需要大批服從性高的罐頭員工，又因為整
個經濟是復甦的狀態，大家慢慢過起享樂的日子，買得
起車，有錢辦舞會，但這跟社會的氛圍其實有很大的背
離。那個壓迫的感覺，你必須要服從的感覺，跟你在尋
求個人的快樂，有很大的衝突！而這樣的衝突，正好是
搖滾樂可以介入到生活空間，很重要的條件之一。

　　我從我的夢，一直進行連結，連結到最後想講的是，
我覺得青少年的心智就是搖滾樂的那個狀態。當然，我
指的不是客觀年齡，而是在生理急速變化下，心理發展
跟情緒的反應。《內在生命》5 一書裡，作者談到每個時
期的各種不同的心智狀態，它們會如何轉變及如何轉換。
青少年的心智從潛伏期過渡到青春期的時候，要重新面
臨協調嬰兒結構的問題，回到「憂鬱的位置」，找尋世
界當中的自己，self-in-the-world。在哲學的說法是「存

---

5. Margot Waddell《內在生命》呂煦宗、林晴玉翻譯

在」，being-in-the-world，可是從心理學的角度是self。在這樣的過程裡，青少年會出現不同的連結，比方說在行為的防衛或適應下，可能讓他變成好孩子，循規蹈矩、裝大人；或是變成壞孩子，耍流氓、混幫派、藥物濫用，甚至結束自己的生命。這時期是人格形塑和發展的重要階段。

內在生命：青春期／青少年

　　為什麼在青春期會產生那麼巨大的衝突？這時期青少年意識到思考跟身體的感官變化，強化了無意識的能量跟衝動，自己的內在會互相打架。這個衝突的程度是否能夠被處理，跟早期母嬰關係的涵容品質，或是自己的內在外在的各種條件有關。如果衝突超出負荷，必須被排除掉；排除過程的違抗、反叛，就是一種很容易被行動化出現的方式，是宣洩這些超載的表現。違逆的行為都是在反抗體制權威，反老師、反父母啊，而自己內在也有一個代表權威的、嚴厲的對象需要面對。於是在反抗底下，又有另外一種無意識的罪惡感，所以被處罰的時候，雖然是不開心，但可能反而覺得安慰，因為這無意識中的罪惡感能夠得到緩解。這種情況也跟所謂的「伊底帕斯情結」的掙扎有關，它需要再次地被體驗，再次的被疏通。差別在於，嬰兒時期身體沒辦法動作，

沒辦法真正的做到弒父娶母。但是青春期生理上漸趨成熟，透過新的性驅力的展現，重新強化了掙扎跟衝突。所以孩子身體的成長，不論對自己或是父母來說都是一個威脅，因為慾望真的可以付諸實行了，它不會只是停留在意識的白日夢或是無意識的幻想當中滿足愛慾與恨的衝動。有一個說法是，因為父母不聽搖滾樂，所以年青人喜歡搖滾樂。青少年想要脫離父母，對父母有敵意的現象，其實就是這種對無意識幻想的恐懼。

　　青少年心智的狀態，會用行動化取代思考，用這種方式驅離痛苦，把它丟掉而不是涵容或是忍受跟解決。所以那些無法思考的東西，會被排除在外，被擱置，讓自己不用面對真實的情境，避免面對內在衝突與情感。透過這樣的行為，他們不斷地防衛，所以青少年很容易形成幾種類型，比方說：團體行動，要尋找同伴、同儕；問題軀體化，把問題衝突，變成是身體的症狀；分裂態度，沒有可討論的空間；無心智，跑去吸毒；假成熟，不斷獲取知識，為了要一個殼可以保護自己。

　　青少年時期最重要的課題，是要從自私自戀的心智狀態朝向真誠地關心他人，進入更具「客體關係」的心智狀態。〈Live And Let Die〉歌裡面，他是把順序倒轉過來，這是非常重要的一個特徵；青少年遇到困難，理應要往前進，去解決衝突，可是很多搖滾樂的歌曲，例

如Kurt Cobain的音樂或某些藝術的形式，是往後退，退到前一個狀態，所以，從「Live and let live」退回到「Live and let die」，那裡面有一個退化的意味。Kurt Cobain的嬰兒要回到子宮裡，也是一個逆向的情況。可是所謂「逆向」，就表示有一個正向的東西非常困難接近，只好傾向逃避，作為一種防禦，然後形成一個保護殼，可是這層殼又很脆弱，會因為外在跟內在的各種壓力而裂開或破碎。我覺得Cobain在死前的掙扎，很多衝擊是在這個位置。他突然成名了，外在的成功透過商業模式炒作起來，把他推到浪頭上，讓他的內在狀態沒辦法承受那個巨大的壓力，所以他反而是在成功之後出現問題。

唱恆久的歌，在骨髓中思考

God guard me from those thoughts

Men think in the mind alone

He that sings a lasting song

Thinks in a marrow-bone.

（ W.B Yeats,〈A Prayer for Old Age〉,1935 ）

　　葉慈的這首詩，我一直很喜歡，他說上帝啊，保護我，讓我遠離那些只在心裡面想的那些思考，那些能夠唱永恆的歌的人，他們是在骨髓當中思考。Kurt Cobain 帶著身上的Teen Spirit味道，sing a lasting song，唱出他自己永恆的歌，在創作藝術的表達裡，我覺得他有一種思考的強度，是從經驗當中產生出來的。那種強度跟我們所謂的知識的傳遞型態，以理論架構透過別人吸收消化，然後教導你的這種補習班大補帖的知識，是完全不同的。而這也讓我們值得好好去聆聽。

「萬物注定枯朽，人的老化始於內心。」

（次原隆二 6，《天才黑手》）

　　佛洛伊德不只一次強調《夢的解析》的重要性。它標示著精神分析從臨床的治療方法進入到後設心理學的場域。夢，作為一種正常人的瘋狂，是我們領略從精神官能症到精神病連結的第一序位。佛洛伊德透過對自己夢的解釋，了解到其情緒生活幽暗深處。透過夢，我們將

6.次原隆二。日本漫畫家。這句話是從他的一部漫畫《天才黑手》終結取出來的。這部漫畫在一個個故事中修復年久失修的老車，在那個過程當中同樣修復已經生鏽的心靈。車子再怎麼老，只要用心都可以修，心靈也是。

回返到被我們長期遺忘的想法，接觸到在我們清楚時也無法感覺到的情緒。即使如此，夢的心理學並沒有因此繼續前進，反而好像已經走到了它旅程的盡頭似地，不再有任何的發展。Reik把這種「夢的不長進」，歸諸於分析師本身的拘謹與害怕，分析師不敢談自己夢到甚麼，不願意解釋和標示自己的夢。他批判道：「我們要求個案要有道德勇氣，要真誠，可是為什麼我們自己不做個好榜樣呢？在這裡不該存著雙重標準。如果我們的自我表露會使我們失去他們的信任，則我們原先得自他們的信任就是冒取的，是他們不願意給的。如果我們由於談論我們的無意識思想而失去了他們的尊重，則他們就只是由於看錯了我們才尊重我們。」

　　除了夜晚的夢外，白日的搖滾樂，可說是一種清醒時的夢想。曾經在我離家到外地上大學期間，占據我的青春年少，在成年之前搖滾樂就是我的青春。搖滾樂的體驗，是我離家成長中的成年禮，象徵著脫離孩童時期與成年期之間的過渡階段。搖滾樂就像是為這正常的日常開了可進行瘋狂的缺口，圍繞在對聽音樂、練樂器、表演的各種經驗之中，去重新感受到在當時處境下的各種感受，有憤怒有哀傷有愛

情有夢想，以及在音樂當中所發現的種種樂趣
與感動。找尋自己喜歡的音樂，其實就如同找
尋可能的自己一樣；表演自己喜歡的歌曲，就
像是表達自己的聲音一樣。而當我們重新聆聽
那些歌曲，就像是重新回到過去的記憶中，激
起年少的心。

　　筆者希望在這次演講中，透過對一個有關
搖滾樂的夢，來進行精神分析式的詮釋。希冀
以此來了解自己夢中的情感，以及那夢中的搖
滾樂。筆者試著遵循Reik的教誨，在帶有實驗
性質的冒險中，示範另一種新的意義產生的可
能性：Rock is dead and becomes the ghost/spirit。

搖滾樂與精神分析
力比多對世界的吶喊

作　　　者｜　單瑜／黃世明／蔡榮裕／劉心蕾／唐守志
執 行 編 輯｜　游雅玲
校　　　稿｜　葉翠香

封 面 設 計｜　楊啓巽
版 面 設 計｜　荷米斯廣告設計有限公司
印　　　刷｜　侑旅印刷事業股份有限公司

出　版｜　Utopie 無境文化事業股份有限公司
地　址｜　802高雄市苓雅區中正一路120號7樓之1
電　話｜　07-3987336
E-mail｜　edition.utopie@gmail.com

──────── 精神分析系列 ────────
【在場】精神分析叢書　　　　策劃｜　楊明敏
【思想起】潛意識叢書　　　　策劃｜　蔡榮裕
【生活】應用精神分析叢書　　策劃｜　李俊毅

初　版｜　2018年09月
I S B N｜　978-986-96017-1-9
定　價｜　350元

國家圖書館出版品預行編目(CIP)資料

力比多對世界的吶喊：搖滾樂與精神分析 / 單瑜等作.
　-- 初版. -- 高雄市：無境文化, 2018.09 面 ；公分. -- ((生活)應用精神分析叢書；5)
ISBN 978-986-96017-1-9 (平裝) 1.精神分析 2.心理治療 3.搖滾樂　175.708　107008706